Fast Food para a Alma

Barbara Berger

Fast Food para a Alma

Tradução
MAGALI PINHEIRO

EDITORA CULTRIX
São Paulo

Título do original: *Fast Food for the Soul.*

O primeiro número à esquerda indica a edição, ou reedição, desta obra. A primeira dezena à direita indica o ano em que esta edição, ou reedição, foi publicada.

Edição	Ano
1-2-3-4-5-6-7-8-9-10-11	03-04-05-06-07-08-09-10-11

Direitos de tradução para a língua portuguesa
adquiridos com exclusividade pela
EDITORA PENSAMENTO-CULTRIX LTDA.
Rua Dr. Mário Vicente, 368 — 04270-000 — São Paulo, SP
Fone: 6166-9000 — Fax: 6166-9008
E-mail: pensamento@cultrix.com.br
http://www.pensamento-cultrix.com.br
que se reserva a propriedade literária desta tradução.

Impresso em nossas oficinas gráficas.

Para Tim, Mark e Robin

Sumário

Capítulo 1

O caminho do poder

Somos o que pensamos;
nós nos transformamos naquilo em que acreditamos.
A vida é o que visualizamos.
É o que dizemos que ela é.

Podemos mudar a nossa vida
mudando a nossa maneira de pensar.

Este livro fala de poder. Ele vai lhe ensinar a controlar a sua vida para que ela seja como você sempre desejou.

Pensamentos e palavras têm poder.
Por meio deles criamos a nossa vida.
Só nós temos controle total sobre eles,
pois só nós podemos pensar com a nossa mente.
Por isso somos tão poderosos.

Revolução da Consciência

Neste preciso momento está ocorrendo a grande revolução da consciência. Um número cada vez maior de pessoas está reivindicando o próprio poder. Um número cada vez maior de pessoas está despertando para o simples fato de que o que pensam, declaram e no que se concentram é o que atraem para suas vidas.

Somos as únicas vítimas do nosso pensamento.

Se sua vida não está indo bem, está na hora de analisar suas atitudes e pensamentos, porque só assim você vai encontrar a chave para assumir o controle da sua vida e mudar o seu destino.

Escolha a vida que você deseja, visualize-a, reafirme-a, decrete-a, concentre-se nela, acredite, tenha fé e muito antes do que você imagina, e mais rápido do que jamais imaginou que fosse possível, estará vivendo essa vida.

Como a mente funciona

Quando você perceber do que se trata, vai achar que é simples demais para ser verdade. É quase uma piada.

Quando cair em si e parar de rir, provavelmente vai se perguntar por que passou tanto tempo trabalhando com tanto afinco, lutando feito louco contra as circunstâncias, quando tudo o que tinha a fazer era mudar sua forma de pensar.

O mundo exterior nada mais é do que uma manifestação dos nossos pensamentos. Concentre-se na pobreza e na miséria e, imediatamente, vai passar por essa experiência. Mude o foco e concentre-se no banquete da vida, nas bênções reservadas para você, em tudo de bom que a vida tem a oferecer, na saúde vibrante e na abundância do universo — e imediatamente todas essas coisas farão parte da sua vida.

O que mudou? Certamente não foi o universo. O que mudou foi a nossa forma de pensar.

A força do trabalho interior

Olhe à sua volta. A maioria das pessoas luta desesperadamente para sobreviver ou para ter um bom desempenho, alcançar objetivos e obter sucesso.

Quantas vezes nos surpreendemos correndo de um lado para o outro feito doidos, porque acreditamos que quanto mais nos empenharmos mais dádivas haveremos de receber como seres humanos.

Sei porque já passei por isso. Cheguei até aqui da mesma forma que você. Tive a mesma educação e ouvi os mesmos argumentos que criamos para justificar nossa luta. Por exemplo: O mundo é assim mesmo. É preciso trabalhar duro para vencer. Dinheiro não dá em árvore. A vida é dura. Se eu trabalhar com bastante afinco vou ser amado. Velhice é sinônimo de doença e infortúnio, etc.

Acreditando nisso, tentamos desesperadamente forçar o nosso Bem no plano exterior, até que mais cedo ou mais tarde percebamos que não é assim que as coisas funcionam. Não podemos forçar o nosso Bem pelo lado de fora.

O verdadeiro poder está dentro de nós.

Portanto, faça um trabalho interior. Analise seus pensamentos e suas atitudes, descarte aqueles que não funcionam e adote o enfoque que irá criar a vida que você deseja.

E deixe o plano exterior caminhar sozinho; ele seguirá seu curso natural. São como dados armazenados no computador mágico da sua vida: sempre que você pressionar o botão imprimir, ele vai lhe dar um relatório preciso do que você está pensando internamente.

Portanto, esqueça a luta. Esqueça as privações. Esqueça a pobreza, a doença e a infelicidade. Realize o trabalho interior e desfrute da vida neste momento.

Técnicas práticas

Como este livro trata de poder, todos os capítulos trazem técnicas práticas que você pode empregar no dia-a-dia para assumir o controle da vida e criar a vida que deseja para si. Essas técnicas ajudaram a melhorar a qualidade da minha vida em um momento ou outro, de tal forma que eu me senti compelida a escrever este livro para compartilhá-lo com você.

Tentei fazer um livro fácil de usar, um livro para pessoas ocupadas e que não têm muita paciência com infindáveis discussões intelectuais e/ou longas e maçantes explicações. Se você procura resultados imediatos, técnicas fáceis de compreender e de aprender e que funcionam rapidamente, vai achar o livro divertido.

Por várias razões:

Em primeiro lugar, este é um livro curto.

Em segundo, para tirar proveito dele você não o precisa ler desde o começo; pode começar por qualquer capítulo que o atraia. Simplesmente siga a sua intuição.... dessa forma o livro também ficará feliz com você!

Descobri também que técnicas diferentes funcionaram para mim em épocas diferentes da minha vida, e que os métodos que utilizo também mudam de acordo com a situação. Por fim, tento seguir a minha intuição e usar a técnica que acho conveniente.

Estamos constantemente evoluindo, crescendo e mudando e, por esse motivo, muitas vezes algumas técnicas tornam-se superadas ou nos cansamos delas e as abandonamos durante algum tempo para que possamos utilizar outros métodos. Da mesma forma, uma técnica que funcionou bem para nós no passado de repente pode despertar o nosso interesse de novo, apesar de termos ficado sem usá-la por meses ou anos. Então, retrocedemos e acabamos descobrindo nela um novo significado, uma nova profundidade e um novo poder. Nossa compreensão de diferentes técnicas e idéias sempre irá mudar, como uma cebola cujas camadas vão sendo retiradas, conforme crescemos e adquirimos poder sobre a nossa vida.

Por fim, tudo neste livro tem o objetivo de lhe proporcionar um grande prazer e uma profunda sensação de alegria. Acredito que quando entramos em contato com nosso Eu Superior e compreendemos que somos responsáveis por nossa vida e nosso destino, passamos a ver a vida como a grande aventura que ela realmente é e podemos reivindicar de forma consciente nosso próprio poder para nos tornarmos os verdadeiros criadores que de fato somos.

Capítulo 2

O poder da força

Não importa o nome que nós, seres humanos, preferimos dar a isso, nosso universo, nossa existência, nossa evolução são guiados por um princípio, uma inteligência ou um poder superior.

Esse poder ou força possui vários nomes, como:

Deus
Vida
A Força
A Força da Vida
A Força de Deus
O Criador
Brama
Alá
O Tao
Jeová
Nosso Pai Celestial
A Causa Primeira
O Princípio da Vida

SOU o que SOU
A Presença
O Ser Supremo
A Divina Presença
O Princípio Animador
A Mente Cósmica
O Espírito Vivo
O Eu Superior
... para citar apenas alguns

Reconheça a força e pare de resistir

Quando você reconhecer a Força e parar de resistir à natureza da evolução humana, descobrirá que toda a sua vida vai mudar. Quando você perceber que é cem por cento responsável por tudo o que acontece na sua vida, que seu Eu Superior na verdade planejou tudo para que sua alma pudesse crescer e que todos os obstáculos que surgem no seu caminho faz parte do seu processo de aprendizado, vai ter uma sensação de alívio, de alegria e de verdadeira libertação.

Você compreenderá que nenhuma luta no plano externo resolve absolutamente nada. Verá que não somos vítimas de nada. Não há acidentes nem vítimas na vida.

A vida é um jogo que não podemos perder, porque todos nós estamos aqui para evoluir, não importa o que aconteça.

Na verdade, viver no planeta Terra é como ir à escola. Ele é a classe que escolhemos para nosso próprio benefício. E a luta é apenas um sinal de que estamos resistindo, de que ainda não estamos realizando o trabalho interior que mais cedo ou mais tarde precisaremos realizar para passar para a próxima etapa da nossa evolução.

Mas, obviamente, não há pressa. Você pode resistir por quanto tempo quiser... porque o tempo é infinito... mas mais cedo ou mais tarde acabará por evoluir.

O universo é a nossa fonte

Tudo na sua vida, na minha vida e na vida de todas as outras pessoas vem do universo infinito. O universo infinito ou Força Divina constitui a fonte que nos provê de tudo. E se o suprimento de matéria e energia é infinito e inesgotável, como podemos ter carência?

Pobreza, na verdade, é não reconhecer o universo infinito como fonte de tudo. As outras pessoas não são fontes para nós, tampouco o trabalho, os organismos de bem-estar social, o governo, a família ou circunstâncias remotas. Nada disso representa a nossa fonte de vida, riqueza ou prosperidade. As outras pessoas e situações são os canais pelos quais a abundância do universo se manifesta na nossa vida... mas não a fonte dessa abundância.

Abra o coração e a mente para a verdadeira fonte

Reconheça a verdadeira fonte de vida e abundância e abra o coração e a mente para um Bem Maior, para mais prosperidade, saúde, abundância, paz e alegria na vida. Está tudo ao seu dispor, esperando apenas que você tome consciência disso. Então pare de limitar o seu Bem, a sua saúde ou a sua riqueza ao limitar suas idéias ou afirmando que só pode receber algo de canais fixos. Por exemplo, não diga que você tem uma renda fixa (em outras palavras, um salário) porque ao fazer isso estará fechando as portas para a fonte infinita de suprimento. Perceba, afirme e visualize o seu Bem chegando até você por um número ilimitado de canais provenientes do universo infinito.

Repita todos os dias: estou aberto e receptivo ao meu Bem Maior. O suprimento ilimitado do universo derrama-se agora sobre mim por um número ilimitado de canais. Agradeço as bênçãos infinitas e a efusão de abundância que está se manifestando na minha vida.

O que é a verdadeira abundância?

A verdadeira abundância é todo o Bem
que o universo nos reserva:

Amor
Paz
Saúde perfeita
Prosperidade financeira
Tempo
Beleza
Crescimento espiritual
Amigos
Família
Música e arte
Alegria
Natureza
Sabedoria e compreensão
e mais uma infinidade de coisas...

Por que se contentar com menos?

Capítulo 3

O poder da afirmação

Você sabia que sua palavra é lei?

Que o que você diz, mesmo sem pensar, passa a ser a sua realidade?

Tenho certeza de que as pessoas seriam muito mais cuidadosas com o que dizem se conhecessem o poder da palavra falada.

Veja bem, toda palavra que você pronuncia ou escreve é uma afirmação.

Afirmar significa literalmente *tornar firme*.

Afirmar é materializar os pensamentos.

Infelizmente, sem perceber que as palavras têm poder, um grande número de pessoas reafirma carência, pobreza, enfermidade e infelicidade para si próprias. Ao se queixarem e declarar miséria, estão decretando e gerando justamente a miséria, a carência, a dor e o sofrimento que tanto desagradam.

Controle as palavras

Você é a única pessoa em sua mente. Neste momento você pode decidir assumir o controle das suas palavras escritas e faladas, e, dessa forma, tomar as rédeas do destino. Afinal de contas, só você, e ninguém mais, é responsável pelas palavras que saem de sua boca. Ninguém pode forçá-lo a pronunciar palavras carregadas de negatividade. A decisão é sua. Portanto, se quiser mudar sua vida, assuma imediatamente a responsabilidade por suas palavras.

Uma vez consciente do poder das palavras, você compreenderá rapidamente por que a vida das outras pessoas está do jeito que está. Simplesmente ouça o que elas dizem, suas conversas. É bastante revelador. Pessoas que se queixam durante todo o tempo, que se concentram na miséria, que estão sempre se lamentando e dizendo o quanto a vida está difícil, realmente levam uma vida dura. *Elas têm a vida que decretaram para si mesmas.*

Quem apregoa alegria, sucesso e amor, quem diz palavras positivas e afirma que estão acontecendo coisas boas, tem uma vida alegre, bem-sucedida, interessante e cheia de amor.

"No princípio era o Verbo..."[1]

A Bíblia e outras escrituras antigas mencionam o poder da palavra. Elas ensinam que as palavras representam a força criativa do universo, carregada de poder para o bem ou para o mal.

Muitas técnicas da psicologia moderna também reconhecem o poder das palavras. Por exemplo, a programação neurolingüística, técnica eficaz de reprogramação do estado mental, ajuda as pessoas a mudar seus padrões de comportamento. Um dos importantes princípios da PNL para a compreensão dos programas comportamentais consiste em ouvir o que as pessoas dizem.

Os mantras, ou o uso de palavras sagradas, também visam reprogramar a mente e o corpo, para que tenham mais saúde e felicidade, por meio da repetição de palavras poderosas.

O mantra abaixo, famoso em todo o mundo, foi criado pelo médico francês Emile Coué (1857-1926) com a finalidade de ajudar as pessoas a se curarem de todos os tipos de enfermidades e problemas psicológicos. Coué, que exercia a medicina em Nancy, na França, curou milhares de pessoas com esse mantra. Tudo o que o paciente tinha de fazer era repeti-lo em voz alta, quinze vezes seguidas, três vezes por dia, todo santo dia. A repetição ajuda o mantra a atuar no subconsciente, que, então, age sem interferência da inteligência lógica.

> A cada dia,
> sob todos os pontos de vista,
> estou cada vez melhor.[2]
> EMILE COUÉ

Faça as suas afirmações em voz alta todos os dias

Você pode criar afirmações positivas para todas as áreas da sua vida. Pode também usar afirmações criadas por outras pessoas, como a de Coué, ou então usar passagens de textos sagrados, da Bíblia, ou, melhor ainda, criar suas próprias afirmações.

Comece com as áreas que considera mais prementes e afirme os resultados positivos que deseja alcançar. Decrete sua vida como você quer que ela seja e acredita que deveria ser. Use sempre o tempo presente. Não importa que suas afirmações ainda não sejam verdadeiras (ainda não se manifestaram no mundo exterior). Ao afirmar resultados positivos, você os cria, primeiro no subconsciente e na mente universal, depois no mundo exterior. Suas palavras e a crença em suas afirmações fazem com que elas se manifestem no mundo exterior.

Repita suas afirmações quinze vezes seguidas

Sugiro que faça suas afirmações todos os dias em voz alta, de manhã e à noite, por cerca de cinco minutos. Se tiver tempo, repita também no meio da tarde.

Muitos mestres e agentes de cura aconselham também a repetição de todas as afirmações importantes quinze vezes seguidas, para que você possa se energizar e conferir às afirmações o poder necessário.

Repetir o pai-nosso em voz alta quinze vezes seguidas é uma afirmação poderosa.

Escreva as afirmações

Quando você estiver num local em que não possa fazer suas afirmações em voz alta (por exemplo, no escritório ou no trem), escreva-as num caderno de notas. Escrever as afirmações quinze vezes seguidas também é uma excelente forma de manifestar o Bem em sua vida.

Seja específico

Você deve não apenas mudar suas afirmações para satisfazer necessidades constantes, mas também não hesitar em ser específico. É bom utilizar afirmações gerais no cotidiano, mas para necessidades e situações especiais seja audacioso e afirme os resultados que deseja alcançar.

Por exemplo, para aumentar sua renda e cumprir com seus compromissos financeiros, seja incisivo em relação à prosperidade. (Ver Capítulo 10, O poder do dinheiro.) Afirme:

> Sou uma criança rica do universo infinito. Suprimentos abundantes se manifestam atualmente na minha vida, e posso pagar minhas dívidas facilmente. ____________ (mencione a quantia) chegam rapidamente às minhas mãos.

Para problemas de saúde, você pode criar afirmações específicas para necessidades específicas, ou usar afirmações gerais, como as do exemplo abaixo:

> Meu organismo é forte e saudável. Todos os dias, vida nova, força e vitalidade fluem para cada átomo, cada célula, para todo órgão do meu corpo. A cada dia, sob todos os pontos de vista, estou cada vez melhor.

> Amo o meu corpo e sou grato pelo seu funcionamento perfeito. Todos os átomos e células do meu corpo irradiam saúde e vitalidade.

Agradeço por minha saúde, força e vitalidade crescentes. Atualmente, estou gozando de excelente saúde.

Afirme e demonstre!

À medida que você afirmar, verá os resultados do seu trabalho interior começarem a se manifestar no mundo ao seu redor. Você terá demonstrações surpreendentes, passará por mudanças inesperadas, terá um novo Bem e sentirá uma maior sensação de controle sobre o seu destino.

Quando começar a sentir o poder de suas palavras, você poderá expandir seu poder de invocar o Bem, afirmando o Bem também para outras pessoas. Muitas vezes suas afirmações de Bem para outra pessoa podem mudar o rumo da vida delas. Não tenha medo de falar palavras ousadas de afirmação diretamente para essas pessoas, especialmente quando suas necessidades parecerem grandes. Diga algo como:

Você ficará bem.
Está tudo bem.
Não há nada de errado na sua maneira de ser.
É claro que você consegue.
Tenho certeza de que você vai conseguir.
Tenho muita fé em você.
Prevejo sucesso total para você nessa empreitada.
Admiro seu talento e sua capacidade.
Você é forte e saudável.
Você parece bem melhor hoje.
Obrigada por me inspirar.
Sou muito grata por sua ajuda.

Palavras assim podem fazer toda a diferença para as pessoas à sua volta, quer sejam pessoas problemáticas, bons amigos, colegas de trabalho, familiares, crianças ou amantes. (Ver Capítulo 17, O poder do elogio e da bênção.)

Afirme e desfrute!

Continue brincando com suas afirmações!

Cante-as, cantarole-as, dance para elas, escreva-as, pregue-as nas paredes, grude-as na geladeira e no telefone, pendure-as no banheiro, repita-as mentalmente durante todo o dia. E prometo que em breve você vai perceber o poder que suas palavras têm de criar o Bem que você tanto deseja e merece!

Capítulo 4

O poder da liberação

Uma das melhores formas de se sentir melhor é liberar.

Todos nós carregamos fardos incrivelmente pesados de bagagem excessiva, coisas de que não precisamos, coisas que nos oprimem e impedem que o nosso Bem se manifeste.

Quando você se desvencilha dessa carga, fica mais leve. Essa é uma boa maneira de aumentar a sua energia.

Existem diferentes formas de liberação:

Liberação mental/emocional
Liberação física

Liberação mental/emocional

Quando alimentamos sentimentos negativos em relação a pessoas, lugares, objetos, situações ou acontecimentos, na verdade estamos criando com eles um vínculo quase indestrutível. Você pode estar do outro lado do mundo, mas, se sentir ódio por alguém, estará ligado a essa pessoa como se vocês estivessem sentados lado a lado discutindo.

A quem esses sentimentos negativos fazem mal?

A você!

Você é quem sofre, porque é quem está alimentando os sentimentos negativos. É você que está sendo corroído por dentro. Os sentimentos negativos não apenas o fazem sentir-se mal, como também o deixam fisicamente doente, pois acabam se manifestando como úlceras, problemas de coração, pressão alta e câncer, para mencionar apenas algumas das doenças mais comuns.

Portanto, ao se libertar de sentimentos negativos em relação a pessoas, lugares, objetos, situações, acontecimentos e assim por diante, você vai se sentir melhor e poderá até mesmo se curar de doenças graves.

O que é liberação?

Não se trata de perdoar, embora o perdão sincero provavelmente seja ainda melhor, apesar de mais difícil. O que eu quero dizer com liberação é apenas isto: *desprender-se.* Este não é um exercício intelectual. Não é preciso perdoar a pessoa ou o acontecimento, tampouco explicar a si mesmo por que, como, ou se a liberação tem razão de ser. Apenas libere.

Ao liberar ou desprender-se, você evita discussões consigo mesmo. Trata-se de uma excelente forma de se libertar dessas pessoas tão difíceis de perdoar.

Em outras palavras, você faz isso para o seu próprio Bem, para a sua própria saúde e bem-estar, e para ninguém mais. Você não está tentando ser nobre. Você simplesmente sabe que, se conseguir libertar-se de sentimentos negativos, vai se sentir muito melhor. Assim, tudo o que tem a fazer é tomar a decisão de liberar regularmente.

Lembre-se de liberar primeiro

É interessante observar que muitas vezes as pessoas que estão trabalhando com afirmações positivas (ver Capítulo 3, O poder da afirmação) só alcançam os resultados desejados depois que iniciam o processo de liberação. Isso ocorre porque os sentimentos negativos nos deprimem, nos deixam doentes e atulham a nossa mente; eles ocupam um espaço tão grande na nossa vida que podem impedir que o nosso Bem chegue até nós. E quando trabalhamos com afirmações positivas, estamos tentando manifestar um novo Bem na nossa vida.

Você pode praticar a liberação dizendo em voz alta ou escrevendo qualquer uma das afirmações abaixo.

Bons exemplos de liberação

Algumas das minhas afirmações preferidas para me livrar de pessoas problemáticas são:

Eu o libero totalmente, ___________.
Eu o libero e deixo que vá para seu Bem Maior.

Eu o libero total e completamente, _________.
Eu o abençôo com amor e o libero.

Eu o libero totalmente de todo o coração, _________, para o seu Bem Maior.

Algumas vezes temos a intuição de que pessoas problemáticas também estão se agarrando a nós, razão pela qual podemos fazer afirmações também para elas:

> ___________, você me libera completamente de uma vez por todas. Você relaxa e me deixa ir.
>
> ___________, você me deixa ir completamente de todo o coração. Tudo está em harmonia entre nós, agora e para sempre.

Se uma situação ou acontecimento o está aborrecendo, você pode dizer:

> Eu o libero completamente de todo o coração ________ (situação, condição, relacionamento, experiência ou acontecimento). Eu relaxo e o libero.

Eu me liberto agora de todas as situações e relacionamentos que deixaram de contribuir para o meu Bem Maior. Eu os deixo ir embora de vez e eles me libertam completamente — para o Bem Maior de todos.

Liberação de entes queridos

Muitas vezes, essa é a forma mais importante de liberação que você pode fazer. O amor de filhos ou cônjuges que se torna possessivo ou tenta dominar e controlar o outro sempre é prejudicial. O verdadeiro amor libera e liberta a pessoa amada para que ela cresça e evolua da melhor maneira possível.

Por exemplo, pode ser que precisemos liberar uma filha ou filho amado para o seu Bem Maior, do modo que seja mais conveniente para ambas as partes. Esse tipo de liberação, além de trazer sempre paz e harmonia, fortalece o nosso relacionamento com todos os que nos cercam e que nos são caros.

Quando for preciso liberar alguém que lhe é caro, você poderá dizer:

> _________, eu o deixo ir completamente e de todo o coração para o seu Bem Maior. Eu o amo, mas deixo que você vá. Nós dois estamos completamente livres. A única realidade entre nós é a perfeita harmonia.

Liberação de problemas e situações

Às vezes precisamos nos libertar de um problema ou situação que está nos incomodando há muito tempo. Pode ser que estejamos gastando uma grande quantidade de energia emocional e mental com pensamentos e preocupações quando a única coisa que precisamos fazer é nos libertar. Ao nos desligarmos do problema ou da situação, deixamos que se resolva sozinho da melhor forma possível. Todos os nossos pensamentos e preocupações na verdade impedem que a situação se resolva sozinha.

Nesses casos, você pode dizer:

> Eu libero completamente e de todo o coração _____________ (cite o problema ou a situação).

Eu permito que tudo se resolva sozinho para o Bem Maior de todos os envolvidos.

Liberação física

Para dar espaço ao novo Bem na sua vida, é importante também se libertar de objetos no plano físico. Todos nós temos tendência a guardar objetos, mesmo quando não os usamos mais ou não precisamos mais deles.

Se você tiver um problema físico, mental ou emocional, recomendo enfaticamente que libere o máximo que puder também no plano material. Desvencilhe-se de roupas, papéis, livros, móveis e outros itens que você não usa mais ou que deixou de gostar. Você pode dar para outras pessoas ou jogar fora. Faça da maneira que achar melhor, mas libere o máximo que puder.

À medida que se desvencilhar dos velhos pertences, você perceberá que está mexendo com velhas energias e velhas emoções. Pode ser uma experiência dramática e muito interessante. Para muitas pessoas é bastante reveladora. À medida que se libertar desses objetos, você poderá agradecer a eles por tê-lo servido tão bem e deixar que sirvam outras pessoas. Afinal de contas, tudo no universo é energia, e energia não gosta de ficar presa ou estagnada. A energia gosta de circular. E você se sentirá ainda melhor quando você a ajudar a circular.

Toda doença é
basicamente obstrução.

Toda cura é
basicamente circulação.

A liberação atrai um novo Bem

A eliminação de coisas inúteis vai criar um novo espaço ou vazio na sua vida, ajudando a atrair um novo Bem, novas coisas, nova energia e novos relacionamentos. Faz sentido, não? Pois, se a sua vida estiver muito cheia, como poderá haver espaço suficiente para o novo Bem?

A liberação, tanto mental quanto física, também estimula a criatividade. Quando você se desprende de velhos objetos e de velhas idéias, surgem novas idéias. De alguma forma, apenas o fato de criar espaço mental atrai novas idéias. Portanto, não se preocupe se, depois de se libertar de pessoas, pensamentos e objetos, você se sentir completamente em branco ou vazio por algum tempo. É exatamente esse vazio que sinaliza que um novo Bem está a caminho. O vazio sempre chega antes que você tenha suas melhores idéias. O vazio é o vácuo que atrai um novo Bem.

Liberação de relacionamentos

Pode ocorrer a mesma coisa com os relacionamentos. Podemos amar e respeitar pessoas e, ainda assim, emancipá-las. Não se trata de rejeição — apenas estamos evoluindo, e nem sempre as pessoas evoluem da mesma forma ou na mesma direção ao mesmo tempo. Na verdade, devemos agradecer e abençoar as pessoas que compartilharam tempo, energia, experiência e espaço conosco neste planeta, mas isso não significa que não podemos e não devemos crescer. Quando nos desprendemos das pessoas que amamos para que todos os envolvidos possam continuar a evoluir da melhor maneira que lhes convier, também abrimos espaço para novos relacionamentos e para novas amizades.

Na dúvida, libere

Assim, quando estiver em dúvida sobre alguma coisa, quando se sentir confuso, quando enfrentar problemas que aparentemente não consegue resolver ou tiver uma doença persistente, pratique a liberação todo santo dia. Certamente você ficará surpreso com os resultados.

Afirmações gerais de liberação

Eu me liberto de todo o medo.
Eu me liberto de toda a ansiedade.
Eu me liberto de toda a dor.
Eu me liberto de toda a dúvida.
Eu me liberto de todo o sofrimento.
Eu me liberto de toda a tensão.
Eu me liberto de toda a tristeza.
Eu me liberto da minha resistência à mudança.
Eu me liberto de toda a raiva.
Eu me liberto de toda a culpa.
Eu me liberto de toda a crítica.
Eu me liberto de toda a capacidade de guardar rancor.
Eu me liberto de toda a mágoa.
Eu me liberto de toda a censura.
Eu me liberto de todo o ressentimento.
Eu me liberto de todos os padrões negativos.
Eu me liberto de todos os pensamentos negativos.
Eu me liberto de todos os velhos padrões.
Eu me liberto de toda a luta.
Eu me liberto de todas as limitações.
Eu me liberto de todas as minhas crenças negativas.

Eu me liberto do padrão da minha consciência que criou essa situação negativa.
Eu me liberto de ________ (nome do elemento, por exemplo, este apartamento, este emprego, este relacionamento, etc.)
Eu abençôo ________ (nome do elemento ou situação) com amor e deixo que se vá.
Eu me liberto do passado.
Eu me liberto do futuro.
Eu me liberto dos meus temores sobre ________.

Escolha as afirmações que melhor atendam às suas necessidades e repita-as em voz alta quinze vezes seguidas várias vezes ao dia. Ou então repita-as mentalmente ou escreva-as em seu caderno de anotações quinze vezes seguidas. Palavras de liberação pronunciadas em voz alta produzem um grande efeito; mas afirmações mentais ou por escrito também são eficazes, sobretudo quando se está no trabalho ou numa situação (por exemplo, pouco antes de uma reunião) quando é difícil caminhar e falar em voz alta: "Eu libero todo o medo e toda a dúvida. Eu libero toda a tensão", quinze vezes seguidas!

Capítulo 5

O poder do NÃO

Uma vez que tudo o que focalizamos aumenta, quando focalizamos o negativo estamos dando-lhe o nosso poder. E, assim, ele cresce.

Quando rejeitamos o negativo, nós nos recusamos a lhe dar atenção, retiramos o seu poder — e ele vai definhar por falta de atenção.

Se você afirmar, como Catherine Ponder sugere,

> Apenas o Bem é verdadeiro
> Tudo o mais desaparece.[1]

logo perceberá que você não deseja dar o seu poder ou atenção a nenhum tipo de dado negativo.

Diga não a lamúrias

Quando você ouve as pessoas conversando, percebe que elas passam a maior parte do tempo se queixando de alguma coisa. Se não é problema de dinheiro nem do tempo, é a saúde, os filhos ou os relacionamentos. E ao falarem constantemente de carência e dificuldade, elas criam mais carência e mais dificuldades para si mesmas.

Recuse-se a falar sobre privação ou dificuldade. Recuse-se a alimentar sentimentos negativos e temores, e a tolerar os sentimentos negativos e os temores alheios. Recue. Não participe. Se não puder expressar seus sentimentos em alto e bom som, pelo menos diga mentalmente: *Não! Não! Não! Eu não acho que seja assim!*

As pessoas vão deixar de se lamuriar — pelo menos para você — se você não ouvir suas queixas nem participar de suas conversas.

Se for corajoso, pode dizer que não acredita que seja verdade. Pode delicadamente ressaltar algo bom e tentar mudar o rumo da conversa para um assunto positivo. Por que não pedir:

> Conte-me todas as coisas boas que
> lhe aconteceram hoje!

Mais importante ainda:

> Não se queixe. Não dê poder às palavras
> e aos sentimentos negativos.

Toda palavra pronunciada é uma afirmação. Sua palavra é lei. Suas palavras são afirmações para a sua vida. Portanto, o que você decreta e proclama (diz em voz alta) literalmente se torna a sua realidade. Por esse motivo, fique atento!

Não fique remoendo suas dificuldades, seus problemas, suas dores e desconfortos. Recuse-se a falar sobre isso. Recuse-se a lhes dar qualquer atenção. Recuse-se a lhes dar poder. Em vez disso, quando as pessoas perguntarem como vai você, diga algo bom. Sempre se pode encontrar alguma coisa boa para enfocar e relatar. E quando você fizer isso, esse Bem vai crescer, principalmente se você falar sobre ele, se você o proclamar e o enaltecer.

Se você não tiver nada de bom para falar, não fale nada. O silêncio também é uma forma de dizer não a tudo o que é negativo. Se você não falar sobre problemas e dificuldades, não lhes dará poder.

Diga não às fofocas

Recuse-se a fofocar, criticar ou fazer comentários negativos.

Quando elogiamos, mesmo pessoas difíceis ou irritantes, muitas vezes acontecem coisas surpreendentes. Isso ocorre sobretudo quando elogiamos pessoas que realmente nos aborrecem. É como se as nossas palavras positivas penetrassem no subconsciente delas, dando força ao Bem que existe dentro delas. Reiterando, aquilo em que nos concentramos cresce.

Isso funciona da seguinte maneira: quando esperamos que as pessoas sejam problemáticas, elas geralmente são. Se, ao contrário, enfocarmos seu lado bom, nossos encontros acabam sendo surpreendentemente agradáveis.

Diga não à violência, aos estímulos negativos da mídia

Se permitirmos sermos bombardeados por estímulos negativos da mídia — filmes violentos, programas de televisão deprimentes, relatos e artigos neuróticos, histórias tristes de miséria e horror — como podemos esperar que o Bem cresça? Seu tempo é precioso, e aquilo para o que você volta a atenção também é precioso, porque seja o que for vai crescer. Portanto, não dê poder à violência e a formas de pensamento negativas.

Não fale sobre carências

Como afirmo no Capítulo 10 (O poder do dinheiro), as pessoas atraem carência quando se lamentam e concentram sua atenção na falta de dinheiro, nas dívidas, no salário insuficiente, nas elevadas taxas de impostos, no alto custo de vida, etc. Diga não à conversa sobre carência. Recuse-se a dar poder a esses pensamentos. Em vez disso, quando as pessoas falarem sobre a falta disto ou daquilo, diga (pelo menos mentalmente, se não puder dizer em voz alta) que não acredita nelas.

Diga em voz alta ou para si mesmo: "Vivemos num universo abundante e infinito. Há um suprimento inesgotável de tudo neste universo, inclusive de dinheiro. Há uma abundância infindável de recursos neste mundo, e dinheiro suficiente para todos."

Diga não à doença

O mesmo se aplica nos casos de doença. Recuse-se a dar a ela qualquer poder. Se você se concentrar em cada dorzinha e em cada desconforto, eles vão aumentar. É como a história que Deepak Chopra conta no seu livro *Creating Health*:

Uma mulher vai ao hospital com dores do lado do corpo, achando que se trata de uma crise de vesícula. Os médicos, inclusive Chopra, operam a paciente e constatam a existência de um câncer disseminado. Como não há nada a fazer, fecham a incisão. Depois da cirurgia, Chopra comunica a situação à filha, que diz: "Doutor, prometa que não vai contar à minha mãe. Ela vai morrer agora se souber que tem câncer." Ele concorda com o pedido da filha.

A mulher recebe alta e Chopra achava que não a veria nunca mais. Mas, para sua grande surpresa, ela retorna treze meses depois para um *checkup*. Um exame minucioso não revela nenhum indício de câncer. Quando ele diz que sua saúde está perfeita ela diz: "Doutor, depois que o senhor retirou a minha vesícula, decidi que nunca mais iria ficar doente."[2]

Portanto, o que é doença?

E por que algumas pessoas ficam doentes e morrem, enquanto outras se recuperam e prosperam?

> *A crença cria a biologia.*[3]
> NORMAN COUSINS

O estado mental controla o corpo

O corpo e o sistema imunológico são fortemente influenciados pelo estado mental. Os cientistas comprovaram que pensamentos deprimentes enfraquecem o sistema imunológico. Pensamentos alegres fortalecem-no.

Norman Cousins fez um depoimento pessoal em seu famoso livro, *Anatomy of an Illness As Perceived by the Patient*. Ele tinha uma doença incurável, e os médicos disseram que estava com os dias contados. Deprimido, hospedou-se num hotel em Chicago e alugou todos os filmes engraçados de que conseguia se lembrar — todos os seus favoritos, como os de Groucho Marx. Durante três semanas ele ficou deitado na cama assistindo aos filmes e dando boas gargalhadas. Sem perceber, e para espanto de todos, inclusive dos médicos e dele mesmo, a doença incurável desapareceu.[4]

> A revolução que chamamos de
> medicina psicossomática
> baseou-se nessa simples
> descoberta: onde quer que o
> pensamento vá, uma substância
> química o acompanha.[5]
> DEEPAK CHOPRA

Em *Ageless Body, Timeless Mind*, Chopra afirma: "Devemos concluir que o corpo é capaz de produzir *qualquer* resposta bioquímica uma vez que a mente tenha recebido as sugestões apropriadas... se pudéssemos efetivamente desencadear a intenção.... o corpo a executaria automaticamente."[6]

Diga não aos pensamentos negativos

A maioria das pessoas acha ainda mais difícil se recusar a ter pensamentos negativos. Mas isso também é importantíssimo, sobretudo diante de dificuldades. É imprescindível dizer não aos pensamentos negativos.

Dieta mental de dez dias

Eis uma boa técnica que encontrei no livro de Anthony Robbins, *Awaken the Giant Within*. Durante dez dias, é proibido reter qualquer pensamento negativo, inútil ou de medo por mais de um minuto. Quando você se surpreender pensando em algo negativo ou amedrontador, deve esforçar-se para se concentrar em algo positivo ou alegre.[7]

Se você ficar remoendo o pensamento negativo por mais de um minuto, terá de recomeçar a Dieta mental dos dez dias.

Essa Dieta mental é muito divertida. Sugiro que tente fazê-la imediatamente. É de fato reveladora.

Capítulo 6

O poder da visualização

Nossa capacidade de pensar, conceber, imaginar e criar imagens mentais está sempre ativada. Tenhamos ou não consciência, estamos constantemente imaginando ou vendo coisas com o olho da mente. Estamos "visualizando".

Esse fenômeno tem enormes implicações.

Você já percebeu que pessoas deprimidas, pessimistas, que vêem (imaginam ou visualizam) tristeza, ruína, desespero e fracasso onde quer que olhem têm uma vida triste e miserável? E que pessoas brilhantes, alegres e otimistas que idealizam (imaginam) bons resultados para os acontecimentos de modo geral são bem-sucedidas e felizes?

> O que quer que a mente
> do homem possa conceber
> e em que possa acreditar
> ele pode conseguir![1]
> NAPOLEON HILL

A boa nova

A boa nova é a seguinte: podemos aprender a tirar proveito da nossa capacidade de ver, de idealizar e imaginar para criar a vida que desejamos.

O tempo todo usamos esse poder de idealizar, mas a maioria das pessoas não tem consciência do que está idealizando ou imaginando. Em outras palavras, não sabem o que estão fazendo. Não sabem que estão permanentemente imaginando e idealizando para si mesmas, para os outros e para o mundo em geral. E caso estejam conscientes, é provável que não tenham noção do enorme efeito que esse processo de "formar imagens mentais" tem na vida delas. É uma pena, pois tantas pessoas usam essa capacidade de imaginar ou de visualizar para ver dor, sofrimento e fracasso para si mesmas, quando, com um pouquinho de treinamento, poderiam expandir o poder da imaginação para criar o Bem Maior.

As imagens mentais afetam a saúde

E não é só isso, o poder de idealizar ou imaginar também influencia a saúde. Isso acontece porque, como foi comprovado cientificamente, todo pensamento que passa pela mente cria ou desencadeia uma reação bioquímica no organismo. É por isso que muitos professores que participaram do movimento do potencial humano, como José Silva, O. Carl Simonton, Louise L. Hay, Bernie Siegel, Wayne W. Dyer, Stuart Wilde, Deepak Chopra e outros, afirmam que se conseguirmos aprender a desencadear intenções positivas, ou programar o subconsciente de maneira positiva, o organismo automaticamente vai colocar essas intenções em prática. Pena que a maioria das pessoas faça o oposto. Mas é importante lembrar que: "A intenção é parceira ativa da atenção. Nossas intenções passadas criam uma programação ultrapassada que parece ter controle sobre nós. Na verdade, o poder da intenção pode ser reativado a qualquer momento... e você pode programar de forma consciente a sua mente... usando o poder da intenção."[2] (Deepak Chopra em *Ageless Body, Timeless Mind.*)

Projetos de vida

Nossos pensamentos e idealizações são os projetos que colocamos no subconsciente; nossa vida é a realização desses pensamentos, desses conceitos e dessas idealizações, quer sejam positivos ou negativos. Na verdade, nossa vida no plano exterior nada mais é do que a manifestação do que está se passando na nossa mente.

Pensamentos persistentes sobre doença
geram doença.

Pensamentos persistentes sobre saúde
geram saúde.

É pura imaginação

Você nunca ouviu as pessoas dizerem: "Isso é coisa da sua mente", ou "É pura imaginação sua"? Bem, existe mais fundo de verdade nisso do que a maioria das pessoas imagina. E se *for* mesmo apenas a nossa imaginação, se ela tiver uma força tão grande a ponto de podermos gerar saúde e felicidade para nós mesmos treinando-a a idealizar o nosso Bem, então certamente teremos descoberto um dos instrumentos mais poderosos para tornar a vida mais agradável na Terra!

Por isso, por que não decidir, neste preciso momento, que sempre que você se surpreender "projetando" um resultado negativo para si mesmo ou para outras pessoas, vai mudar conscientemente a sua imagem mental e imaginar um acontecimento bom? Depois que começar a policiar seus pensamentos — o seu diálogo mental — você vai se surpreender com as descobertas.

Alguém já disse que 99 por cento dos pensamentos que temos hoje são uma repetição dos pensamentos que tivemos ontem. E se você estiver imaginando resultados negativos... parece bastante sério, não?

Além de começar a ficar atento ao seu diálogo interior e de tentar mudá-lo conscientemente para melhor, você pode fazer exercícios específicos para treinar e desenvolver a sua capacidade de idealizar resultados vitoriosos e reprogramar a si mesmo, o seu organismo e o seu comportamento.

Exercício de visualização

Aqui está um exemplo de exercício de visualização simples e básico que pode ser praticado diariamente. Existem muitos exercícios de visualização; este é apenas um esboço do procedimento geral. O mais importante é você descobrir um método com o qual se sinta bem à vontade e praticá-lo regularmente.

Lembre-se: a prática faz a perfeição. Seus pensamentos são um lago poluído por imagens mentais e pensamentos negativos. Acrescentando água límpida e fresca (imagens mentais e pensamentos positivos), aos poucos o seu lago vai ficando cada vez mais limpo. Leva algum tempo; porém, mais cedo ou mais tarde você vai começar a notar as mudanças no modo de pensar, no comportamento e, por fim, na sua vida.

Para conseguir melhores resultados, sobretudo no início, faça o mesmo exercício de visualização todos os dias durante trinta dias seguidos. Esse é mais ou menos o tempo necessário para o seu subconsciente aceitar novas imagens mentais. Depois de trinta dias, você pode mudar o foco para outro tópico ou para outra área da sua vida.

Primeira etapa: relaxe

Existem várias maneiras de relaxar. (Ver Capítulo 7, O poder de alfa.) Seja qual for o seu método preferido, o objetivo é aliviar a tensão mental e muscular, relaxar a mente e o corpo, desligar-se e desacelerar as ondas cerebrais para entrar no estado alfa e abrir o subconsciente para novas idéias e imagens mentais. Quando estiver relaxado, passe para a segunda etapa.

Segunda etapa: visualize

Em que você quer trabalhar? Que área da sua vida está mais necessitada no momento? Mais saúde, sucesso no trabalho, melhores relacionamentos? Seja o que for, quando se sentir relaxado você deve formar uma imagem mental do resultado positivo desejado.

Imagine, por exemplo, a situação ou estado de saúde que você deseja, com o máximo de detalhes possível. *Im-*

portantíssimo: sempre forme suas imagens mentais no tempo presente, pois a mente subconsciente não conhece passado nem futuro. Portanto, o resultado positivo disso deve estar acontecendo sempre *neste exato momento!* Se você visualizar o resultado no futuro, ele ficará sempre no futuro! Por isso, veja, visualize, imagine a situação que você deseja agora, o mais detalhadamente possível. Sinta o prazer, sinta as emoções que o seu novo Bem produz dentro de você. Boa saúde o faz sentir-se bem, não faz? Um bom relacionamento com o patrão o faz sentir-se relaxado e satisfeito, não faz? *Sinta* as emoções. Desfrute a si mesmo e ao seu novo Bem!

Quando tiver imaginado o seu novo Bem por alguns minutos, relaxe os músculos das pálpebras. Depois abra os olhos lentamente e tome consciência do ambiente à sua volta. Você pode reforçar o exercício afirmando em voz alta: "Estou completamente desperto e sinto-me mais feliz e mais saudável do que nunca." Em seguida, retome suas atividades normais.

Para obter melhores resultados, tente fazer esse exercício todos os dias.

Técnica da roda da fortuna

Catherine Ponder me ensinou a técnica da "roda da fortuna",[3] outra técnica eficaz de visualização para se alcançar o Bem Maior. A roda da fortuna, como ela a chama, é um pedaço grande de cartolina ou papelão no qual colamos imagens claras e coloridas do Bem que desejamos manifestar na nossa vida. Descobri que existem várias maneiras de fazer uma roda da fortuna.

Quadro geral: você pode fazer um quadro ou roda geral para todas as áreas da sua vida. Para isso, divida a cartolina ou papelão em quatro ou cinco áreas, como, por exemplo: 1) saúde, 2) prosperidade, 3) família, 4) amigos, 5) busca espiritual. Folheie livros e revistas em busca de figuras claras e alegres que ilustrem o estado de saúde, o sucesso nos negócios, a união familiar, etc., que deseja manifestar na sua vida. Cole as diversas figuras nas suas respectivas áreas. No centro, escreva uma afirmação positiva ou bênção dedicando o quadro ao Bem Maior para si mesmo e para toda a humanidade.

Quadro específico: você também pode fazer rodas da fortuna específicas para as diversas áreas da sua vida. Por exemplo, pode fazer um quadro só sobre prosperidade, amor ou saúde. Siga os mesmos princípios descritos acima. Procure figuras claras e alegres que ilustrem o resultado positivo que você vai manifestar.

Pontos importantes

Guarde segredo: quando fizer uma roda da fortuna, não mostre a outras pessoas nem fale sobre ela. Guarde num local secreto. Você não precisa convencer os outros de que aquilo em que acredita é bom e certo para você. Isso não interessa a mais ninguém, e você não quer que críticas ou comentários negativos neutralizem o seu poder.

Observe a roda todos os dias: observe sua roda todos os dias por alguns minutos quando estiver sozinho. Não diga a ninguém o que está fazendo, mas faça isso diariamente.

Tenha cuidado: a visualização tem um poder imenso; portanto, selecione suas figuras com cuidado. Não se esqueça de que está mentalizando o que quer manifestar na sua vida. Não use figuras sem definição, escuras ou negativas, mas sim claras, bem destacadas, alegres e coloridas. Além disso, não exagere no número de figuras, porque pode ficar confuso.

Não faça concessões: este não é um exercício intelectual; portanto, não é preciso que tenha lógica. Retrate o que você realmente deseja, e não o que os outros desejam para você ou o que você pensa que deveria ou poderia ter. Ouça a sabedoria do seu coração e retrate o que realmente quer manifestar na sua vida.

Cores: use fundos de cores diferentes para assuntos diferentes.

Verde ou dourado para prosperidade
Branco ou amarelo para crescimento espiritual e compreensão
Laranja ou amarelo forte para saúde e energia
Azul para aperfeiçoamento intelectual
Rosa claro ou rosa choque para amor e harmonia

Abençoe o seu quadro: dedique o seu quadro ao Bem Maior, colocando sobre ele um símbolo espiritual ou uma bênção.

A técnica da roda da fortuna vai ajudá-lo a visualizar e a aceitar mentalmente o novo Bem que você quer trazer para a sua vida. À medida que esse novo Bem se manifestar e sua vida mudar, você vai querer fazer outras rodas da fortuna para atender às suas novas necessidades.

Roda da fortuna de bolso

Caso seja difícil fazer uma roda da fortuna de tamanho grande ou você queira ter algo que possa levar consigo durante todo o dia, pode fazer uma caderneta secreta só para você. Use a mesma técnica do quadro grande. Cole figuras claras e bem definidas no livro e escreva afirmações e bênçãos em volta de todas elas. Então, quando tiver um momento livre durante o dia, você pode estudar as figuras para manter a mente em estado positivo e concentrada na visualização do seu novo Bem.

Visualize o Bem para os outros

Nós não só podemos visualizar o Bem para nós mesmos, mas podemos visualizá-lo para os outros também. Pare um momento e pense em como você vê, mentaliza, visualiza a vida de pessoas difíceis com as quais convive.

Se tiver um parente doente, você o vê cada vez mais doente? Você vê o quarto dele escurecido ou um quarto de hospital anti-séptico? Vê mais dificuldades, mais dor ou mais sofrimento no caminho? Ou o imagina recuperando a saúde facilmente, sem esforço? A imagem que você faz dele é clara, alegre, forte e saudável? Você vê o sorriso retornando ao seu rosto e uma canção emanando de seus lábios?

Mesmo que não seja esse o caso, que não esteja enfrentando esse problema no momento, você pode invocar imagens poderosas e positivas de saúde e felicidade para outras pessoas, assim como faria para si mesmo. Portanto, quando pensar em alguém, próximo ou distante, por que não usar o poder que você tem para visualizar também o seu Bem Maior? Nossos pensamentos estão sempre atuando num nível vibratório, influenciando as pessoas que nos rodeiam. É por isso que as suas imagens positivas para os outros agem como um tipo de elogio e bênção no nível invisível. (Ver Capítulo 17, O poder do elogio e da bênção.) Não subestime o seu poder de produzir o Bem em todas as situações também para outras pessoas!

Aceitação mental

À medida que você praticar a visualização, por meio das técnicas descritas anteriormente, perceberá que, aos poucos, começará a *acreditar e a aceitar* as imagens mentais que criou para si mesmo e para os outros. Perceberá que sua crença e aceitação começam a tomar um rumo mais natural e correto, tanto na esfera emocional quanto mental. Então está na hora de se preparar, pois quando se atinge essa etapa, coisas impressionantes começam a acontecer...

Suas imagens mentais se transformam na sua realidade!

Parabéns.

Você acabou de ganhar na loteria chamada Jogo da Vida!

Capítulo 7

O poder de alfa

Alfa é um excelente lugar para ir —
é melhor do que o Havaí!

O que é alfa?

Alfa é o nome que damos ao estado em que ficamos quando nossas ondas cerebrais são reduzidas para cerca da metade da freqüência normal. Isso ocorre naturalmente nos momentos que antecedem o sono e ao despertar pela manhã. Os pesquisadores descobriram que o organismo reage de forma positiva quando o cérebro atinge o nível alfa. A pressão arterial se normaliza, a freqüência cardíaca se estabiliza, órgãos tensos e sob pressão relaxam e o organismo como um todo fica revitalizado.

Os cientistas classificam as ondas cerebrais da seguinte forma: quando estamos ativos e totalmente despertos a freqüência das ondas cerebrais gira em torno de 14 a 21 pulsações por segundo. Esse estado é chamado de beta. Quando relaxamos ou estamos prestes a pegar no sono, as pulsações caem para 7 a 14 por segundo, para o estado chamado alfa. Quando adormecemos, as pulsações ficam ainda mais lentas. O sono leve é chamado de teta, com 4 a 7 pulsações por segundo; e o sono profundo é chamado de delta, com menos de 4 pulsações por segundo.

Beta:
14-21 pulsações por segundo
bem desperto
totalmente consciente

Alfa:
7-14 pulsações por segundo
completamente relaxado
estado de consciência interior

Teta:
4-7 pulsações por segundo
levemente adormecido
estado de consciência interior

Delta:
menos de 4-7 pulsações por segundo
profundamente adormecido
inconsciente

Uma boa opção

Portanto, alfa é definitivamente uma boa opção. Por quê? Porque é um estado natural, cômodo, sereno, alegre e relaxante. Todos se sentem bem quando estão em alfa.

Existem inúmeras técnicas para se entrar em alfa, como meditação, cânticos, oração, música suave, treinamento autógeno e biofeedback, entre outras. Muitas pessoas têm rotinas ou maneiras específicas para entrar em alfa. Na verdade, muitas alcançam esse estado quando estão mergulhadas em devaneios... só que não têm consciência disso. Existem várias fitas de relaxamento que proporcionam orientações fáceis de serem seguidas.

Reprograme-se em alfa

Uma das coisas mais interessantes sobre o estado alfa é que, além de ser uma boa forma de liberar a tensão e estabilizar as funções corporais, permite uma reprogramação. Isso quer dizer que você pode mudar sua programação mental inconsciente com mais facilidade, porque quando está em alfa o seu subconsciente fica aberto e receptivo. Muitas pessoas usam esse estado para se curar de problemas de saúde ou iniciar grandes e pequenas mudanças no comportamento e na vida. Tudo isso é possível no receptivo estado alfa.

Visualizações criativas funcionam melhor em alfa

Quando você relaxa, entra no estado alfa e visualiza o novo Bem que deseja na vida, as visualizações se manifestam mais rapidamente. (Ver Capítulo 6, O poder da visualização.)

Alfa abre o subconsciente que passa a aceitar as visualizações sem nenhuma interferência do intelecto. Isso significa que quando você está em alfa não tem de explicar a si mesmo *como* o seu novo Bem vai se manifestar. Você não precisa ser lógico nem tentar compreender como isso vai acontecer. Tudo o que tem a fazer é visualizar o seu Bem e, depois, sentir e acreditar que ele está se manifestando, aqui e agora.

Método Silva de controle mental

O método Silva de controle da mente é uma forma simples e ativa de aprender a entrar em alfa e usar esse estado para alcançar objetivos, promover a cura do corpo, relaxar a mente e resolver toda sorte de problemas.

Aqui está uma técnica básica para se entrar em alfa extraída do livro *You the Healer*, de José Silva:

1. Sente-se confortavelmente numa cadeira e feche os olhos.
2. Respire fundo e relaxe enquanto solta o ar.
3. Conte lentamente de 100 até 1.
4. Imagine um local sereno que você conhece.
5. Diga mentalmente: *Vou manter sempre o corpo e a mente perfeitamente saudáveis.*
6. Diga a si mesmo que, quando abrir os olhos no número cinco, vai sentir-se totalmente acordado e melhor do que antes. Repita essa afirmação ao chegar ao número três e ao final, quando abrir os olhos. Diga: "Estou bem acordado e me sentindo melhor do que antes."[1]

Existem muitas variações desse exercício básico para relaxar e entrar em alfa, tanto do próprio Silva como de outros autores, e quase todas funcionam quando feitas regularmente.

Se estiver usando o método Silva, depois que aprender a relaxar não precisa mais fazer a contagem regressiva de 100 até 1. Depois de dez dias, pode começar em 50 e, depois de mais dez dias, em 25. Por fim, quando estiver habituado a relaxar bastará começar em 10.

No estado alfa, você pode visualizar a cura de todos os tipos de problemas, de leves resfriados a doenças mais graves. Pode também visualizar um resultado positivo para as mais diversas situações, quer seja do mundo dos negócios ou relacionadas com pessoas que lhe causam problemas.

Meditação orientada

Esta é outra maneira fácil de relaxar e entrar em alfa:

Sente-se confortavelmente numa cadeira com os pés bem apoiados no chão e as mãos sobre as coxas — ou deite-se de costas na cama com as pernas e os braços estendidos, as palmas das mãos abertas e voltadas para cima.

Em seguida, respire fundo, prenda um pouco a respiração e solte o ar... sinta que está liberando todas as tensões do dia.

Continue respirando fundo e dirija sua atenção, lentamente, para a testa, o couro cabeludo, o pescoço e os ombros. Sinta a tensão deixando a testa e o couro cabeludo e toda essa região relaxada. Relaxe os músculos em volta dos olhos. Relaxe os lábios e os músculos ao redor da boca. Relaxe todos os músculos do rosto. Sinta os músculos do pescoço relaxando, sinta todo o pescoço relaxando.

Em seguida, volte a atenção para os ombros. Sinta que estão relaxando. Apenas deixe que a tensão seja liberada e relaxe.

Não há nada a fazer, nada a mudar, apenas relaxe e se entregue.

Agora deixe que o relaxamento desça para os músculos das costas e, depois, para a região lombar. Mergulhe cada vez mais fundo num estado de agradável relaxamento.

Relaxe os músculos do tórax e sinta o coração batendo com calma e serenidade. Relaxe o estômago e os músculos abdominais enquanto continua a respirar fundo. Sinta os músculos da região pélvica relaxarem e a agradável sensação de relaxamento descer para as coxas, para os joelhos e, depois, para a panturrilha e, finalmente, para os pés e os dedos. Sinta o calor e o relaxamento durante todo o tempo.

Continue a respirar de forma lenta e profunda e desfrute desse estado de relaxamento total.

Depois de quinze minutos você pode optar entre contar de 1 a 5 e despertar ou fazer um exercício de visualização. (Ver Capítulo 6, O poder da visualização.)

Termine sempre contando de 1 até 5. Quando chegar em 5, estará completamente acordado e sentindo-se muito mais relaxado e positivo do que antes.

Crie a vida que você deseja em alfa

Depois que aprender a entrar em alfa, você poderá usar esse estado para criar os resultados que deseja no dia-a-dia. Geralmente, leva cerca de trinta dias para se dominar essa habilidade. No início, bastam dez minutos de prática diária.

Por exemplo, digamos que você esteja indo a uma importante reunião de negócios ou a uma entrevista de emprego. Antes do compromisso, tire alguns minutos para entrar em alfa e visualizar a reunião ou entrevista da maneira mais detalhada possível. Visualize a reunião exatamente como você gostaria que fosse. Veja-se relaxado e feliz. Veja-se apresentando seus pontos de vista de forma clara e amistosa. Visualize as pessoas exibindo um comportamento aberto e receptivo e reagindo positivamente à sua apresentação.

Visualize um resultado positivo. Em seguida, conte até cinco, abra os olhos e afirme que você está bem desperto e se sentindo bem. Quando tiver terminado o exercício, retome suas atividades normais. Garanto que você ficará surpreso ao constatar a freqüência com que suas reuniões ou entrevistas acontecem exatamente da forma que você as visualizou em alfa.

Estamos falando de um instrumento muito eficiente!

Evite influências negativas quando estiver em alfa

É normal sentirmos instintivamente que precisamos evitar situações negativas ou a convivência com pessoas negativas quando estamos num estado mental bastante relaxado. Provavelmente porque percebemos, mesmo sem saber exatamente o motivo, que estamos muito mais abertos e suscetíveis a todo tipo de influência quando estamos relaxados.

Você pode dizer que existem vários tipos de pessoas... as que o deixam de baixo astral e reduzem o seu nível de energia, as que estão no mesmo nível que você e com as quais se sente bem, e as que estão num nível mais elevado e representam uma inspiração. Quando estiver muito relaxado, é melhor andar com pessoas que sejam do mesmo nível que você, ou de nível mais alto.

O poder de cura da natureza

A maioria das pessoas adora também instintivamente ficar ao ar livre quando quer diminuir o ritmo e relaxar. (Ver Capítulo 14, O poder da natureza.) Isso acontece porque, quando estamos junto à natureza, conseguimos entrar facilmente em alfa. Além disso, as repousantes e terapêuticas tonalidades de verde que vemos ao caminhar pelas matas aumentam a sensação de relaxamento.

Capítulo 8

O poder de focalizar

Você sabe o que quer?

E como conseguir?

Muitas pessoas não sabem.

E mesmo se soubessem o que querem não saberiam como conseguir.

Para saber o que se quer — e também como conseguir — é preciso foco. Na verdade todo o universo, pelo menos no que nos diz respeito, é uma questão de foco.

O que é isso?

O *Webster's Encyclopedic Unabridged Dictionary* define foco como: "ponto focal... condição clara e bem definida de uma imagem, ponto central de atração, atenção ou atividade... capacidade de se concentrar e *focalizar os próprios pensamentos...*"[1]

Por que a maioria das pessoas parece ter tanta dificuldade para focalizar? Por que é tão difícil concentrar os pensamentos num determinado objetivo?

Para ser honesta, não sei exatamente por quê, pois todo mundo é dotado dessa capacidade.

Todo mundo consegue focalizar

A coisa mais fácil do mundo é focalizar um objetivo. Enfocar significa apenas prestar atenção e se concentrar em algo. Na realidade, todos nós somos peritos na arte de focalizar, porque é exatamente isso o que fazemos quando refletimos sobre um assunto.

Tome como exemplo os hipocondríacos. Apesar de não produzirem o que poderíamos chamar de "excelentes resultados" na vida, na verdade eles são especialistas na arte de focalizar. Infelizmente eles usam seus poderes inatos de concentração para focalizar tudo o que há de errado com eles, em vez de voltar o feixe de raios-X da mente para a busca obstinada de um objetivo maior. Se ao menos os hipocondríacos pudessem ter a mesma determinação para pensar em se curar...

Focalizar ou manter-se unidirecionado, na acepção positiva da palavra, é uma questão de escolha. E não seria melhor ter o controle do seu destino do que deixar que pensamentos aleatórios o controlem? Porque é isso o que acontece quando usamos o nosso poder para focalizar de forma negativa. Quando você compreender os mecanismos da mente, poderá mudar tudo à sua volta e treinar para usar o seu poder de concentração no sentido de criar e alcançar aquilo que você quer na sua vida.

Portanto, decida-se.

E perceba que focalizar é apenas uma questão de escolha consciente.

Focalizar significa agarrar uma situação, voltar a mente para determinado rumo, arregaçar as mangas para a jornada, por mais longa e árdua que ela seja, e não desistir até que o universo lhe dê o que você quer.

Se você o agarrar com unhas e dentes, se decidir que essa fatia do bolo é *única e exclusivamente* sua — aqui, agora, neste exato momento — se deixar que sua consciência absorva essa informação, se demonstrar por pensamentos e atos que não vai desistir até que isso aconteça... *simplesmente acontece.* Porque é assim que o universo funciona.

Realização no plano interior =
demonstração no plano exterior

Por esse motivo, peço que você deixe todas as implicações desse mecanismo simples serem absorvidas, e que sinta a alegria da realização que essa verdade encerra. Porque, se você compreender esse mecanismo corretamente, perceberá que tudo o que deseja (seja o que for) já lhe pertence.

É facílimo.

Outra coisa: não desperdice um segundo do seu tempo com dúvidas ou preocupações. Quanto menos corda você der a uma dúvida ou preocupação, melhor. Isso é muito importante, pois ela tira a sua concentração e gera interferências na energia que você está despendendo.

Pense no seguinte... Qual é o verdadeiro significado de dedicação? Dedicação é uma completa e total ausência de dúvida, é uma devoção absoluta a uma causa, uma fé absoluta de que o universo tudo nos provê porque é assim que ele funciona.

Como Deepak Chopra diz em seu livro *Ageless Body, Timeless Mind*: "Quando você percebe que está bem seguro dentro dessa moldura imutável, surge a alegria de viver. Você não pode exercer o livre-arbítrio se receia que ele possa lhe trazer incerteza, acidentes ou calamidades. Para quem está em unidade, contudo, cada escolha é aceita dentro do quadro geral. Se você preferir A, o campo cederá para acomodá-lo. Se a escolha for B, o campo acomodará isso, mesmo que B seja exatamente o oposto de A. Todas as possibilidades são válidas para o campo, já que, por definição, o campo é um estado de possibilidades."[2]

Portanto, compreenda os mecanismos da sua mente — e os mecanismos do universo — *e não duvide*. Não deixe que a menor centelha de dúvida passe pela grande tela que chamamos de mente. Nem mesmo por um segundo. Em vez disso, procure imbuir-se de grande convicção. Sustente o seu foco, a sua decisão de se concentrar em um só objetivo com o poder emocional da convicção. Comprometa-se de corpo e alma, com seriedade, com o que quer que seja: uma pessoa ou um propósito, uma causa ou um objetivo, dinheiro, casamento ou apenas um novo par de sapatos. Depois aja como tal e considere isso realizado...

Dedicação
é a oração do guerreiro
para si mesmo.[3]
STUART WILDE

Por que as coisas são assim? Porque é assim que o universo funciona. Ninguém pode explicar *por quê*. Mas como eu disse no início deste livro, estamos começando a compreender esses mecanismos, e está havendo uma grande mudança na consciência humana. A teoria da relatividade de Einstein, a nova física quântica, a compreensão de que matéria e energia são intercambiáveis, levaram a uma conscientização crescente de que *somos o que achamos que somos*. E que o universo responde aos nossos pensamentos, sejam eles quais forem. Por esse motivo, estamos constantemente nos tornando aquilo em que pensamos. Como o universo sempre devolve nossos pensamentos, atraímos para a nossa vida tudo o que refletimos, declaramos, decretamos e enfocamos.

Ou como disse Emmet Fox: "Semelhante atrai semelhante."[4]

Ou como digo eu: *Você consegue aquilo que acha que vai conseguir.*

Para atingir o seu objetivo, livre-se do velho

Parece fantástico, você diz, mas, e se eu não souber em que eu quero focalizar os meus pensamentos? Obviamente, vai ser difícil usar o seu poder para se concentrar nos anseios do seu coração se você não souber o que o seu coração anseia.

Uma boa maneira de descobrir o que você realmente deseja é abrindo mão ou desvencilhando-se de tudo aquilo que não deseja. (Ver Capítulo 4, O poder da liberação.)

Em outras palavras, você se perguntou: "Qual é a minha missão nesta vida? Qual é o meu sonho? Qual é o plano divino para a minha estada na Terra?" E não obteve nenhuma resposta.

Se for esse o caso, se você realmente não sabe o que quer fazer, alcançar, ser ou se tornar, pode começar a mudar o seu comportamento e a produzir claridade na sua vida, livrando-se de tudo aquilo que você tem certeza absoluta de que não quer.

Desprenda-se ou livre-se de objetos, lugares, situações, pessoas, circunstâncias e relacionamentos que não lhe interessam mais. Apenas abençoe-os com amor e deixe-os ir. Crie algum espaço vazio à sua volta. Deixe entrar um pouco de ar puro no seu quarto, na sua casa, nos seus relacionamentos e na sua vida. Garanto que coisas interessantes vão começar a acontecer.

Faça listas

Fazer listas é uma ótima maneira de esclarecer as coisas para você mesmo. Isso vai ajudá-lo a descobrir o que você realmente quer e a começar a focalizar os seus objetivos.

Sugiro aos iniciantes que usem a Técnica das Três Listas, descrita a seguir. Essa técnica é muito simples; mas, antes de começar, deixe-me lembrá-lo de que você está fazendo esse exercício só para você. Ninguém mais vai ler o que você escrever; portanto, seja honesto consigo mesmo. E quando começar a escrever, não se esqueça de que pode mudar de idéia sempre que quiser. Esse é um processo contínuo de crescimento. Se você escrever alguma coisa hoje da qual discorde amanhã, faça uma alteração. Você pode fazer quantas listas quiser. Pode reescrevê-las, refazê-las, reformá-las, jogá-las fora e começar de novo em todos os dias da semana se desejar. (Essa não é uma má idéia, se você se sentir confuso sobre seus verdadeiros objetivos.)

Este exercício foi feito para você, para que você possa praticar. Só você deve ter acesso a ele; portanto, mantenha suas listas em segredo!

A Técnica das Três Listas

1) A sua lista de liberação:

Comece fazendo uma lista de tudo o que você tem certeza que não quer na vida. Faça uma relação de objetos, pessoas, estados e atitudes mentais, sentimentos, relacionamentos e situações no trabalho. Não hesite. Não pense no que as pessoas achariam da sua lista. Apenas anote tudo aquilo de que gostaria de se livrar ou de eliminar da sua vida, tudo o que você sente que não representa mais o seu Bem Maior. Não importa se a pessoa ou o objeto já foi importante para você. Lembre-se, isso não quer dizer que você não goste de alguém ou que esteja condenando alguma coisa. O que um dia foi útil pode ter perdido a utilidade. Assim, abençoe-o com amor e deixe que se vá.

No final da lista escreva uma afirmação de liberação ou bênção. Escreva algo como: eu libero tudo isso da minha vida, de livre e espontânea vontade. Abençôo essas pessoas e situações com amor e deixo que se vão. Eu relaxo, libero e deixo que se vão para o seu Bem Maior.

2) A sua lista de desejos:

Escreva nesta lista tudo o que você gostaria de demonstrar na sua vida. Não tenha medo de tomar nota de *tudo* o que quer, de todos os seus desejos. Não escreva o que você pensa que as outras pessoas acham que você deveria ter. Não escreva o que elas acham que você poderia ter ou ser. Esta lista deve trazer o que você realmente gostaria de ter ou ser. Tem certeza de que se lembrou de tudo? Não quer mais nada? Não se preocupe em saber se os desejos do seu coração batem com o que você acha que as outras pessoas querem. O que elas querem é problema delas. O que conta é o que você quer, porque a vida é sua. Portanto, não se preocupe se escrever coisas que parecem totalmente "malucas" ou difíceis de alcançar no momento. Se você quer, anote. Como eu disse, esta é uma lista particular, apenas para o seu esclarecimento. Ela foi feita para lhe dar alguma coisa com que trabalhar, para ajudá-lo a focalizar e a crescer. Imagine que você é um escultor e que está modelando um pedaço de argila que vai representar a sua vida. E não se esqueça de que não vai mostrar essa obra de arte (a sua lista) a ninguém. Esse é o seu parque de diversões secreto. Em seguida, pergunte a si mesmo: Por que não estou anotando tudo o que realmente desejo? Será que estou com medo de não merecer?

Escreva uma afirmação no final da lista, algo como: eu abençôo os meus desejos com o amor divino e sei que o universo agora manifesta aquilo que é para o meu Bem Maior. O Bem de um é o Bem de todos.

3) Lista de avaliação:
Por fim, para colocar toda essa elaboração de listas em perspectiva e ajudá-lo a perceber que a sua vida já está funcionando bem, sugiro que termine este exercício com uma lista de tudo aquilo que você deseja agradecer. Em outras palavras, uma lista de tudo o que universo já lhe deu, a abundância que já lhe pertence. Este é um exercício interessante, porque logo no início você descobrirá que sua lista de avaliação só faz crescer. Só de olhar essa lista você vai sentir-se melhor e mais feliz do que antes. E o fato de agradecer e sentir uma profunda gratidão tem o poder mágico de abrir o seu coração e atrair mais Bem para a sua vida.

Como Napoleon Hill me ajudou

Quando me vi sozinha, sem marido e com três filhos para criar, Napoleon Hill me ajudou. Naquela época eu não tinha dinheiro nem perspectiva de vir a ganhar algum. No entanto, eu tinha uma forte sensação de que as coisas não precisavam ser daquela maneira. Eu achava que tinha talento e capacidade para ganhar dinheiro. O grande problema era que eu não tinha a mínima idéia do que fazer. Eu precisava de um instrumento ou plano concreto que me mostrasse que atitudes tomar para assumir o controle da minha vida e lidar com as questões financeiras. Encontrei as respostas num livro clássico de auto-ajuda: *Think and Grow Rich*, de Napoleon Hill.

Inspirado pela história do bilionário americano Andrew Carnegie, que construiu sua fortuna a partir do nada,

Hill passou a vida estudando pessoas bem-sucedidas com o intuito de descobrir os segredos que estavam por trás de suas fantásticas conquistas. Como essas pessoas de origem extremamente humilde e circunstâncias tão difíceis alcançam tanto sucesso e acumulam tanta riqueza?

Think and Grow Rich revela um grande número de segredos e técnicas dessas pessoas, inclusive o papel do desejo, da fé, do planejamento, da organização e de técnicas mentais, como auto-sugestão, visualização e grupos de mentores intelectuais (ver Capítulo 18, O poder dos amigos), entre outras.

Hill diz no seu livro: "Todo ser humano que atinge a idade em que compreende o propósito do dinheiro passa a desejá-lo. O *desejo* sozinho não traz riqueza. Mas *desejar* riquezas com um estado mental que se transforma em obsessão, planejar modos e meios definitivos de adquiri-las e apoiar esses planos com uma persistência que *não admite fracasso*, trará riquezas."[5]

Cito agora, na íntegra, o exercício de Napoleon Hill, que representou o início de tudo para mim:

Seis maneiras de transformar desejos em ouro

O método pelo qual o *desejo* de riquezas pode ser transmutado no seu equivalente financeiro consiste em seis etapas práticas e definitivas, a saber:

Primeira: concentre a mente na quantia *exata* de dinheiro que você *deseja*. Não basta apenas dizer: "Quero um monte de dinheiro." Defina a quantia.

Segunda: determine exatamente o que pretende *dar* em troca do dinheiro desejado. (Não existe esse negócio de "a troco de nada".)

Terceira: estabeleça uma data definitiva para você *estar de posse* da quantia almejada.

Quarta: elabore um plano definitivo para realizar o seu desejo, e comece *imediatamente*, quer esteja pronto ou não, a colocar esse plano em *ação*.

Quinta: escreva de forma clara e concisa a quantia que você quer adquirir, fixe a data limite para a sua aquisição, diga o que pretende dar em troca do dinheiro e descreva claramente o plano que vai executar para esse fim.

Sexta: leia a sua afirmação em voz alta, duas vezes por dia, uma antes de ir para a cama e uma ao despertar pela manhã. À medida que ler — veja, sinta e acredite que já está de posse do dinheiro.[6]

Fiz o exercício de Hill com bastante sucesso durante vários anos. Todos os anos eu me sentava humildemente e decidia a quantia exata que queria ganhar. Depois, decidia o que daria em troca desse dinheiro. Em seguida, eu fazia uma afirmação por escrito, como a mencionada acima, colava num pedaço de cartolina e colocava ao lado da cama. A primeira coisa que eu fazia pela manhã, e a última antes de dormir, era ler essa afirmação em voz alta. Depois eu fechava os olhos, relaxava e visualizava os resultados desejados da forma mais detalhada possível. Eu me via executando o trabalho que havia planejado e recebendo o devido pagamento. Eu descrevia para mim mesma. Eu imaginava o dinheiro nas minhas mãos e me via depositando-o na minha conta bancária.

Curiosamente, todo ano eu ganhava *exatamente* a quantia que dizia que ia ganhar. Todo ano eu reescrevia a minha afirmação, aumentava minha meta, reavaliava o que iria dar em troca e prosseguia. E todo ano eu alcançava o meu objetivo.

O que quer que a mente
do homem possa conceber,
e em que possa acreditar,
ele pode conseguir![7]
NAPOLEON HILL

Se tiver dúvida, recue

Assim que você aprender a focar e a usar o poder de concentração para alcançar seus objetivos, vai descobrir que esse poder ou capacidade varia. Durante dias, semanas ou meses sua capacidade de focalizar mantém-se forte e poderosa. Então, de repente, por razões que você talvez desconheça, suas energias se dispersam e você sente que perdeu a capacidade de concentração ou de foco.

Quando isso acontecer, quando você perder o foco e não se sentir "seguro" ou "forte", quando sentir que de repente perdeu sua noção de direção, o melhor a fazer é parar e recuar por alguma tempo. Se for possível, pare e espere.

Em outras palavras, não faça nada. Essa é, definitivamente, a melhor maneira de se recuperar de uma perda repentina de foco. No nada, no silêncio, no indispensável momento de ausência de significado, o seu foco e o seu poder retornarão. (Ver Capítulo 13, O poder do silêncio.)

Isso acontece porque estamos todos voltados "para fora". Quando estamos atarefados, temos a tendência de esquecer como o universo funciona. Achamos que o mundo "lá fora" é que está nos influenciando quando, na verdade, o problema não está lá fora. É o mundo "interior", dentro de nós, que é a fonte de tudo o que está acontecendo lá fora.

Lembre-se disso — e recue, feche-se, olhe para dentro quando as coisas parecerem difusas, dispersas ou difíceis.

Na verdade, é isto o que a sua falta de foco está lhe dizendo. Ela está gritando: pare, recue, volte atrás! Saia do caminho, saia do centro de atenção, tire o time de campo, tome um banho frio, vá cavalgar e olhe para dentro de si mesmo. Descubra o que está acontecendo dentro de você, descubra o que está fora de sincronia na sua mente ou no seu corpo. Descubra o que você está dizendo, pensando e fazendo que não esteja em harmonia com o seu propósito ou objetivo. Descubra por que você está resistindo. Tome uma atitude.

E, se puder, não faça nada até recuperar o foco. As dúvidas desaparecerão assim que você estiver pronto e for capaz de focalizar novamente.

Como praticar a arte de focalizar

Existem várias maneiras de treinar a arte de focalizar. Eu apresento outras técnicas nos capítulos: O poder da afirmação, O poder da visualização, O poder do elogio e da bênção e O poder do silêncio. Na verdade, pode-se dizer que todo este livro é sobre técnicas de enfoque. Portanto, para conseguir resultados mais rapidamente, escolha as técnicas que mais lhe tocam o coração e dê os primeiros passos!

Capítulo 9

O poder do segredo

Não dê de mão beijada o seu poder revelando seus planos e sonhos, suas esperanças, orações, visualizações ou afirmações. E não mostre a ninguém a sua roda da fortuna, seus mapas do tesouro, nem suas listas.

Ao revelar, compartilhar ou mostrar você dissipa a sua energia, pois está trabalhando no plano invisível, no nível das vibrações, onde a substância divina ou a sopa quântica está sendo transformada, pela sua mente, na sua realidade.

O seu trabalho interior é problema seu.

O seu trabalho interior é um desafio seu.

O seu trabalho interior é uma questão particular.

Quando você fala sobre os seus sonhos e planos, a opinião, os comentários, as críticas e as sugestões alheias (por mais bem-intencionadas que sejam) minam a sua energia.

Portanto, guarde para si mesmo seus planos, visualizações, anotações, listas e afirmações.

Falar demais sobre qualquer assunto, e não apenas sobre os seus planos, também dissipa o seu poder.

Portanto, fique com a boca fechada o máximo que puder.

Mantenha o seu foco.

Na verdade, é muito mais fácil ficar focalizando com a boca fechada.

Além disso, se estiver confuso, tente parar de falar. Apenas fique calado.

Se estiver muito confuso, tente ficar sem falar um dia inteiro e veja o que acontece. (Ver Capítulo 13, O poder do silêncio.) Você ficará surpreso ao constatar quanto o silêncio clareia a sua mente.

Capítulo 10

O poder do dinheiro

A maioria das pessoas com quem converso tem uma programação negativa em relação a dinheiro. Se você se der ao trabalho de observar, vai ver que as pessoas falam sobre isso o tempo todo. E, sem se darem conta, revelam rapidamente suas crenças acerca do dinheiro e da prosperidade.

A maioria da pessoas acredita em carência.

Muitas acreditam que nunca serão ricas.

E muitas acreditam até mesmo que não merecem ser ricas.

Por acaso você ouviu estas coisas quando criança? Dinheiro não dá em árvore. O dinheiro é a causa de todos os males.

Se ouviu, elas melhoraram a sua qualidade de vida? Trouxeram felicidade, saúde e prosperidade?

Já reparei que é muito mais difícil conversar com as pessoas sobre dinheiro, sobre o modo como elas se relacionam com o dinheiro e sobre suas convicções acerca de dinheiro do que sobre sua vida sexual e outros assuntos supostamente "pessoais", como saúde ou relacionamento entre casais.

O que é o dinheiro?

O dinheiro é apenas um símbolo, um símbolo de energia. O dinheiro, diria você, representa a substância (a matéria) do nosso universo.

A teoria da relatividade de Einstein demonstrou o caráter intercambiável da substância (da matéria) e da energia. Os cientistas também afirmam que há um suprimento inesgotável de substância (de matéria) e energia no universo e que, portanto, não existe nem limite nem carência. Se isso for verdade, por que devemos ter carência?

A pobreza traz sofrimento

Não é o dinheiro que é a fonte de sofrimento, da violência, do crime, da revolução, da dependência de drogas ou da infelicidade — mas sim a pobreza. Se você analisar com atenção as notícias ruins, descobrirá que a pobreza quase sempre está por trás de todas elas. Portanto, é fácil concluir que:

Pobreza não é nada divertido.
É difícil ser feliz quando se é pobre.
Problemas financeiros e pressões são terrivelmente estressantes.
Problemas financeiros e pressões muitas vezes provocam esgotamento nervoso.
A pobreza pode levar as pessoas a beber e a consumir drogas.

Além de incômoda, a pobreza é uma experiência degradante.
Ninguém realmente quer ser pobre.
Pessoas normais e saudáveis querem ter dinheiro suficiente para usufruir as coisas boas da vida.

Se quiser ser honesto consigo mesmo, você terá de admitir que isso é verdade. Todos nós desejamos intensamente tirar proveito das bênçãos e da abundância deste universo infinito, muito embora a maioria de nós tenha aprendido que riqueza é pecado. Mas, se você reconhecer que vivemos num universo abundante, por que não deveríamos desfrutar de todo o Bem que o universo nos reserva?

Atitudes em relação ao dinheiro

Como as nossas atitudes governam a nossa vida, nossa postura em relação ao dinheiro determina se vamos ter carência ou prosperidade. Você abençoa seu dinheiro? Você dá graças a Deus pelas bênçãos que já lhe foram concedidas? Você acha que merece abundância? Se não acha, por quê? Você acredita que há mais do que o suficiente para todos?

Focalize a prosperidade

Focalize a prosperidade e a sua renda vai aumentar. Uma vez que sempre manifestamos o que focalizamos, quando focalizamos abundância, quando achamos que merecemos abundância, quando aceitamos e louvamos o dinheiro que possuímos agora, atraímos automaticamente mais dinheiro.

A lei da Mente diz:
O semelhante atrai o semelhante.[1]
EMMET FOX

A maioria das pessoas usa a lei da atração para fazer o oposto: continuar pobre. Sem se darem conta, elas focalizam e criam carência ao se queixarem de falta de dinheiro, dos altos impostos, do elevado custo de vida, do governo, do índice de desemprego e assim por diante.

Altere a sua programação em relação ao dinheiro

Se quiser mudar de vida, pare de falar sobre carência. Recuse-se a ouvir pessoas que se queixam da falta disso ou daquilo. Não participe desse tipo de conversa. E não tenha pensamentos negativos sobre a sua situação financeira, sua conta bancária ou suas dívidas.

Em vez de ficar ressentido com as dívidas, tente fazer o seguinte: considere toda conta que for colocada na sua caixa de correio como um sinal de que alguém confiou em você. As pessoas confiaram tanto na sua capacidade de saldar dívidas que lhe adiantaram a mercadoria ou o serviço! Na verdade, você deve abençoar todas essas contas, porque elas são um símbolo da capacidade que você tem de pagar por tudo o que possui atualmente!

Mude de atitude

Mudar de atitude é muito simples. Como o dinheiro é um símbolo da abundância do universo, é muito importante que você mude a sua atitude mental em relação a ele.

Não se limite a uma "renda fixa". Lembre-se de que vivemos num universo infinito, de modo que a abundância pode vir de várias fontes. Esteja aberto a novos canais de suprimento. Saiba que o Bem pode vir tanto de fontes esperadas como de fontes inesperadas. Afirme diariamente que o seu Bem está crescendo e chegando até você. Afirme diariamente que, neste exato momento, você está aberto e receptivo a um aumento no seu nível de prosperidade. Diga sim ao novo Bem em sua vida.

Por exemplo, decrete para si mesmo:

> Estou aberto e receptivo a uma prosperidade cada vez maior.

> Agora o universo provê ricamente.

> Novos canais financeiros estão se abrindo para mim.

> __________ (Diga a quantia específica) vão chegar às minhas mãos agora, e eu os aceito de bom grado.

> Um suprimento abundante inunda a minha conta bancária neste momento. Estou aberto a um aumento substancial de renda e dou graças por esse grande aumento.

> Agradeço pela minha crescente prosperidade. À medida que abençôo e louvo a minha riqueza, ela cresce.

Visualize a prosperidade

Você também pode usar o seu poder de visualização para aumentar a sua renda. Como nossas imagens mentais e nossos pensamentos rotineiros são os projetos de vida que colocamos no subconsciente, tudo o que imaginamos ou visualizamos regularmente se transforma na nossa realidade. Uma das formas de criar abundância é visualizar a abundância diariamente. (Para mais detalhes sobre técnicas de visualização, consulte o Capítulo 6, O poder da visualização.)

Relaxe, como está descrito no Capítulo 7 sobre O poder de alfa, e depois visualize ou imagine do modo mais detalhado possível a prosperidade que você deseja.

Vamos dar um exemplo. Digamos que você seja um corretor de imóveis e quer efetuar a venda de três casas neste mês. Sua comissão pela venda das três casas vai ser de ________ (diga a quantia exata). Visualize-se no tempo presente (*neste momento preciso*) realizando a venda de cada uma das casas. Mentalize cada uma delas de forma detalhada, imagine as pessoas que vão comprá-la, imagine a hora do dia em que vai fechar o negócio. Imagine a aparência das pessoas, o prazer que elas sentem por ter encontrado a casa com que sempre sonharam. Veja-se levando-as de volta ao escritório e observando-as enquanto assinam a papelada. Imagine a quantia exata da comissão que você vai receber por cada casa vendida. Veja-se recebendo o cheque e depositando-o na sua conta bancária. Sinta o prazer de ter ________ (mencione a quantia exata) no banco. Desfrute dessa sensação. Depois imagine como vai gastar o dinheiro: a melhora que ele vai produzir na sua qualidade de vida, o que vai comprar, para onde irá, etc.

Nem tão modesto nem tão exagerado

Ao fazer esse tipo de exercício de visualização, é importante que você seja coerente. Suas imagens mentais não devem ser modestas demais, mas também não devem ser exageradas em relação à sua situação atual. Você deve se sentir em harmonia ou compatível com as suas visualizações. Em outras palavras, você tem de ser capaz de aceitar mentalmente e de se sentir emocionalmente bem com as suas imagens mentais, com a quantia de dinheiro e com as situações que está visualizando.

Para obter melhores resultados, repita esse exercício de visualização diariamente por trinta dias seguidos. Enquanto estiver aprendendo a lidar com essa técnica, é melhor ater-se ao mesmo objetivo e visualizar o mesmo resultado durante algum tempo. À medida que adquirir prática e começar a ver os resultados manifestando-se na sua vida, você será capaz de mudar suas imagens mentais com mais freqüência para atender às necessidades do momento e se adequar às mais diversas situações.

Aja de forma próspera

Assim que você começar a abandonar as atitudes negativas em relação à abundância e decidir mudar a maneira de pensar em relação a dinheiro, como, por exemplo, visualizando um grande salto de prosperidade na sua vida, estará na hora de começar também a agir de forma próspera.

O que eu quero dizer é que, se o universo é abundante, está na hora de você focalizar a abundância que você já tem. Não se esqueça de que aquilo para o que você dirige a sua atenção cresce. (Ver Capítulo 8, O poder de focalizar.) Portanto, aja de maneira próspera. Vista suas melhores roupas quando for fazer compras ou participar de uma reunião, em vez de economizá-las para o futuro, mesmo que não tenha muitas.

É importante não esperar o amanhã para desfrutar das riquezas que você já possui. Quando tiver a sensação de prosperidade, vista suas melhores roupas e calce seus melhores sapatos: você atrairá mais prosperidade para a sua vida.

É bom também usufruir da riqueza que está à sua volta, independentemente de ela ser sua ou não. É bom ir a lojas ou a restaurantes caros só para "sentir" o ambiente em que o dinheiro circula. Para visualizar um aumento de renda para si mesmo, você precisa sentir-se "à vontade" em locais mais refinados. Entenda que o fato de outras pessoas serem ricas representa apenas um sinal de que existe abundância de riqueza no universo. Você deveria ficar feliz por saber que, se outra pessoa pode manifestar prosperidade, você também pode. Não inveje, pois ao sentir inveja na verdade você estará afirmando carência. A inveja é um sinal de que você não acredita realmente que merece abundância ou que existe riqueza suficiente para você.

Chocado?

Muita gente fica chocada quando ouve falar pela primeira vez dessas novas atitudes em relação à abundância, à riqueza, à prosperidade e ao dinheiro. Geralmente isso ocorre porque a maioria de nós foi criada com a crença de que há algo de pecaminoso em relação ao dinheiro. Ao analisar com mais atenção, a maioria das pessoas fica aliviada ao compreender que, como vivemos num universo infinito, a abundância é um direito inato. Isso significa também que há mais do que o suficiente para todo mundo, o que é importante, porque ninguém quer sentir que a sua prosperidade ou proventos representam perda para alguém.

No final, percebemos que o que realmente desejamos é abundância e prosperidade para todos os habitantes da Terra. E que a única coisa de pecaminoso que existe no dinheiro é a sua falta e a consciência da pobreza que tantos estão demonstrando neste momento no seu dia-a-dia.

Capítulo 11

O poder da generosidade

Tudo no universo está num fluxo constante. Nada é estático; nada permanece igual para sempre. Aliás, a única coisa que nunca muda é a própria mudança.

Apesar de acharmos que somos sólidos, estáveis e permanentes, esse modo de falar ou de pensar é apenas uma exibição dos nossos pequenos egos. Na realidade, a nossa pele, os nossos ossos, o nosso estômago, coração, pulmão e cérebro estão constantemente desaparecendo e sendo substituídos, com a mesma velocidade, por novos átomos e novas células. A pele se renova a cada mês, o revestimento do estômago é trocado a cada cinco dias, o fígado é renovado a cada seis semanas, e até mesmo os ossos, aparentemente sólidos, na verdade são totalmente substituídos a cada três meses. No período de um ano, 98 por cento dos átomos do nosso corpo são trocados por novos.

No entanto, apesar desse fluxo constante, somos seres eternos num mar em constante mudança. Somos sinfonias de luz que encarnam em corpos compostos por minúsculas e velozes partículas de energia. Não temos nada de sólido, tampouco o ambiente e o planeta em que vivemos são estáveis.

Tudo está num estado de fluxo constante.

Tudo muda.

E tudo o que resiste a essa mudança constante causa problemas.

Toda doença
é basicamente obstrução.

Toda cura
é basicamente circulação.

Generosidade é circulação

Por isso é tão importante ser generoso. Generosidade é circulação, é a panacéia universal. Não para o bem dos outros, mas para o nosso próprio bem.

Generosidade é uma afirmação, um modo de declarar que compreendemos a natureza do universo.

É dando que se recebe.

Contribua para a sua saúde, riqueza e felicidade

Pessoas que acumulam, juntam ou estocam objetos dos quais não necessitam, pessoas avarentas, pessoas que têm medo de gastar dinheiro ou que escondem o dinheiro em cofres e contas bancárias secretas, pessoas possessivas em relação aos filhos, aos amigos ou entes queridos, estão resistindo à ordem natural do universo, que está em *fluxo e mudança constantes.*

Como vivemos em meio a um fluxo maciço de energia, como somos apenas canais através dos quais a energia flui, só podemos nos sentir bem, ser saudáveis, felizes, prósperos e produtivos e desfrutar da vida quando damos e recebemos. Quando damos naturalmente, sem pensar em receber, mas simplesmente porque essa é a natureza da vida e uma forma de estar bem, ficamos em harmonia com o universo. A circulação é a ordem natural das coisas.

Com efeito, quando refletimos sobre isso vemos que já temos tudo: vida, ar, água, nossos pais, nosso corpo, o alimento, este planeta e pessoas com as quais conviver. Portanto, por que devemos tentar nos apegar a alguma coisa... quando já temos tudo? Por que devemos resistir ao fluxo? Obviamente, quando o fazemos, é porque temos medo. Medo de perder alguma coisa, medo de não ter o suficiente. Mas esse medo é apenas uma ilusão que nasce basicamente de uma falta de compreensão da natureza do universo. Se você se lembrar da sua verdadeira origem, se perceber que já tem tudo, poderá dissolver esse medo.

Portanto, se você tiver algum problema e quiser se sentir melhor, comece imediatamente a ser generoso! Sobretudo se as coisas parecerem estagnadas, se você estiver doente ou com problemas financeiros — essa é a hora de dar. A generosidade reabre os canais, acaba com o congestionamento, mantém a energia circulando, fluindo. A generosidade vai reabrir as portas para que você possa receber, pois *é preciso dar para receber...* assim como na Natureza, é preciso semear para colher. Essa é a lei universal. Quem não semeia não tem o que colher.

Existem muitos modos de ser generoso

A generosidade é um ato de fé. Ao ser generoso, você reconhece que o universo infinito é a verdadeira fonte de toda a vida, de toda a abundância, e que você é uma criança que merece esse universo infinito e que espera receber todas as bênçãos e abundância que o universo provê:

Tempo
Dinheiro
Objetos
Louvores e bênçãos
Amor
Compreensão

Você pode dar para:

Organizações espirituais ou religiosas
Pessoas que lhe dão inspiração e orientação espiritual
Instituições que trabalham em prol da paz ou do meio ambiente
Entidades beneficentes, humanitárias ou culturais
Outras pessoas
Você mesmo

O Dízimo

O dízimo é a prática religiosa milenar de contribuir com um tributo equivalente a um décimo da renda pessoal para uma instituição religiosa e/ou espiritual, ou para uma igreja, como forma de retribuir a inspiração e a orientação espiritual. O dízimo é um sistema tradicional, um símbolo de confiança ou de fé na Força Divina ou Universo Infinito que nos provê de todas as coisas. Ao oferecer um dízimo da nossa renda à fonte, abrimos nossos canais para receber dessa mesma fonte. Removemos os obstáculos; fazemos com que as coisas circulem novamente.

O misterioso poder de prosperidade do dízimo é lendário. Numerosos livros espirituais falam da sua importância. Se você pesquisar a vida de figuras eminentes e de milionários famosos, descobrirá que muitos contribuíam ou contribuem com esse tributo.

Recomendo também essa prática como uma forma de adquirir calma e equilíbrio espiritual. Quando você oferecer o dízimo, sentirá uma nova sensação de paz. Você se sentirá conectado à grande fonte da vida, e novas bênçãos e um novo Bem vão surgir milagrosamente na sua vida.

Outra coisa que recomendo é que o dízimo seja mantido em sigilo. Isso não interessa a ninguém, a não ser a você mesmo. Você está oferecendo o dízimo para o seu próprio Bem Maior, e ninguém precisa ficar sabendo. (Ver Capítulo 9, O poder do segredo.) Além disso, lembre-se de manter o foco e de oferecer o dízimo regularmente (por exemplo, todo mês) para o mesmo mestre ou para a mesma organização espiritual, sem impor condições sobre o destino do dinheiro. Depois, confie no universo. Confie na vida. Deixe as coisas circularem e espere que tudo o que há de mais elevado e de melhor se manifeste na sua vida.

Capítulo 12

O poder do amor

Os Sábios sempre declararam que o Amor é o maior poder no universo, a Verdade Suprema, a Luz Divina. Creio que isso seja verdade, e provavelmente você também. Já que acreditamos que é verdade... será que o nosso estilo de vida demonstra essa crença?

A raiva não funciona

Todos nós já ficamos com raiva, e aos poucos estamos aprendendo que esse sentimento simplesmente não funciona. Sim, é verdade que parece funcionar a curto prazo, mas não se deixe enganar; é apenas ilusão, uma solução temporária.

Isso acontece porque a raiva, assim como a sua parente próxima, a violência, está sempre tentando *forçar* outras pessoas a fazerem o que queremos que elas façam ou o que achamos que é melhor para elas. Se uma solução foi obtida por intermédio de raiva ou violência, pode estar certo de que não é para o Bem Maior de todos e, portanto, não vai durar. A longo prazo, ela vai se desintegrar, enfraquecer ou desaparecer.

Na minha opinião, você só será capaz de abandonar a raiva como método para solucionar problemas quando perceber que ninguém, mas ninguém mesmo, vai aparecer para *resgatar a sua vida*. Você vai ter de fazer isso sozinho. E quando você perceber que a responsabilidade pela sua vida é unicamente sua, passará a considerar seriamente a opção do amor.

Pessoas problemáticas

Quase todos os nossos problemas estão relacionados com pessoas problemáticas. Pense um pouco nisso. A maioria dos seus problemas não gira em torno de outras pessoas? Geralmente não são colegas de trabalho, parentes, amigos, autoridades ou vizinhos?

Vejo que raramente as pessoas têm problemas graves no trabalho porque são umas idiotas incapazes de desempenhar suas funções. Noventa por cento das vezes é porque elas não sabem lidar com os colegas. O problema delas é que são pessoas problemáticas, pessoas impacientes, desagradáveis, indelicadas, desleixadas ou nervosas demais para conviver com os outros. Resumindo, o problema é conseguir se dar bem com os colegas e não com o trabalho em si.

A única solução viável é o poder de solucionar problemas de amor. Mas eu não estou me referindo ao amor piegas, sentimental, emocional, romântico ou melodramático.

Refiro-me ao amor impessoal ou sem vínculos, o tipo de amor eterno, infinito e divino, o amor que mantém o universo unido e que se traduz em Bem Maior para todos os envolvidos em determinada situação.

Só conseguimos conhecer esse tipo de amor, sem vínculos sentimentais ou emocionais, quando percebemos que todos os habitantes deste planeta estão passando pelas experiências de aprendizado de que necessitam para seu desenvolvimento e crescimento espiritual. Quando reconhecemos isso, percebemos também que não cabe a nós, tampouco é tarefa ou missão nossa, interferir ou intervir nas experiências evolutivas alheias. Esse tipo de amor desvinculado abarca tudo e é universal. Esse tipo de amor permite que o outro cresça e evolua do modo que melhor lhe convém.

Abençoe com amor

Sempre que você tiver problemas de relacionamento, em casa ou no trabalho, está na hora de abençoar as pessoas e os problemas com amor. É claro que é mais agradável e mais fácil abençoar as pessoas a quem você ama e preza, e com certeza você deve abençoá-las. Obviamente, é muito mais difícil abençoar as pessoas que o incomodam, mas talvez ajude saber que o fato de abençoar pessoas difíceis e irritantes com amor realmente produz maravilhas.

Por exemplo, se você estiver tendo problemas com alguém no escritório, tente visualizar a pessoa e a situação envolta numa luz branca de amor divino. (Ver Capítulo 6, O poder da visualização.) Sente-se calmamente por alguns minutos e visualize o problema com essa pessoa sendo resolvido de forma harmoniosa e carinhosa. Envolva essa pessoa ou situação problemática com amor. Em seguida, abençoe-a com amor e repita em voz alta se estiver sozinho: "Eu a abençôo, ________ (nome) com amor."

Você também pode declarar o tipo de situação. Por exemplo: "Abençôo a questão do __________ no escritório com amor."

Faça suas afirmações em voz alta quinze vezes seguidas. (Ver Capítulo 3, O poder da afirmação.)

Eu descobri que coisas surpreendentes acontecem quando estou numa situação desagradável e abençôo mentalmente com amor a pessoa envolvida. É como se tudo mudasse quando vibrações carinhosas entram em cena.

> Abençoe alguma coisa e ela o abençoará.
> Amaldiçoe alguma coisa e ela o amaldiçoará.[1]
> EMMET FOX

Abençoe tudo

Não são só as pessoas e as situações difíceis que você pode abençoar. Você pode abençoar tudo na sua vida com amor, do carro ao computador, da máquina de lavar roupa ao dono da mercearia e às contas mensais. À medida que fizer isso, vai perceber que as coisas começam a fluir mais facilmente. A vida muda quando você pára de resistir e de lutar. Quando, em vez de amaldiçoar alguma coisa, você a abençoa com amor, seu comportamento muda, mesmo que se trate de um objeto inanimado como o computador. Afinal de contas, vivemos num universo inteligente.

Abençoe a sua vida, o seu corpo, a sua saúde, o seu trabalho, os seus problemas, a sua comida, a sua casa, o seu passado, o seu presente, a sua infância, o seu futuro, os seus professores, os seus livros, a sua música, os seus pertences, as suas ferramentas, os seus amigos, os seus inimigos, a sua família, a sua cara-metade, os seus filhos, os seus pais, o seu emprego, os seus colegas, o seu carro, o seu dinheiro, a sua renda, as suas dívidas, a sua rua, o seu bairro, o seu país, o seu planeta, o Sol, a Lua, as estrelas, o universo... Envolva e abençoe tudo com amor.

Como o meu filho abençoou a clínica

Meu filho se tratava numa clínica especial por causa de um problema nos pés. Um dia, ao chegar em casa, ele se queixou de que o lugar parecia mais uma fábrica do que um local de cura. Disse que tinha de esperar tanto tempo para ser atendido que, quando chegava a sua vez, os médicos não tinham tempo para conversar civilizadamente, nem para explicar o que estavam fazendo.

Sugeri que, antes de ir à próxima consulta, ele tentasse abençoar tanto os médicos como a clínica com amor, e que visualizasse a clínica e o tratamento da forma como ele achava que deveriam ser. Sugeri também que abençoasse os médicos e as enfermeiras enquanto estivesse lá, e que tentasse pensar que essas pessoas dedicavam sua vida ao próximo e que deveríamos ficar agradecidos pelos seus dons e seus serviços.

Depois da consulta seguinte, ele chegou em casa e me disse: "Foi espantoso. Em primeiro lugar, eu não tive de esperar nem um pouco. E à medida que eu abençoava os médicos e as enfermeiras, eles eram muito gentis comigo. Todos sorriam e eram muito amistosos. E dessa vez o médico teve bastante tempo para me explicar direitinho o que estava fazendo e quantas vezes ele achava que eu deveria voltar para receber o tratamento."

O amor não requer prática. O amor existe.
Não se pode praticar a qualidade de ser.
Mas pode-se praticar a decisão de amar.[2]
EMMANUEL

Capítulo 13

O poder do silêncio

O silêncio é alimento para a alma, um presente de Deus. Sem ele podemos definhar, ficar confusos ou deixar de usar todo o nosso potencial.

É no silêncio que acontecem coisas maravilhosas... É no silêncio que entramos em contato com a nossa voz interior, com a nossa intuição, com os nossos sentimentos mais profundos, com os nossos sonhos e nossos desejos... É no silêncio que encontramos respostas para as questões que nos atormentam e soluções para os problemas que parecem insolúveis.

Portanto, não tenha medo do silêncio. Busque por ele. Pois o silêncio é seu amigo. O silêncio é uma verdadeira bênção.

Infelizmente, muitas pessoas temem o silêncio porque não percebem que se trata de um amigo, de um lugar de poder, de um jardim mágico, de um paraíso sagrado onde elas podem recobrar, recarregar e revitalizar a energia. Por isso elas só se sentem confortáveis quando estão cercadas por uma atividade incessante, por ruído, conversa, música, televisão e o ritmo frenético da vida urbana. Quando não estão trabalhando, estão falando ao telefone, fazendo planos, assistindo televisão, encontrando amigos, saindo, fazendo alguma coisa. Estão sempre ocupadas e se esquecem do quanto é importante manter um equilíbrio harmonioso entre atividade e repouso.

Temos uma crença equivocada de que alguma coisa está errada conosco se não estivermos permanentemente ocupados. Você é assim? Você acha que tem de ser "produtivo", "ativo" o tempo todo? Se essa é a sua programação, sugiro que faça a si mesmo um grande favor e deixe essa idéia de lado, pois, além de estar perdendo um dos grandes prazeres da vida, você está deixando de usufruir de um local de poder concedido por Deus. Portanto, vamos deixar uma coisa bem clara: você vai dissipar sua energia vital e a sua energia criativa se nunca reservar um tempo para se renovar por meio do silêncio.

Você tem medo do silêncio?
Ter medo do silêncio é ter medo de si mesmo.

Dez minutos de silêncio por dia

Tente parar uma vez por dia, todos os dias, no meio do trabalho e das atividades que estiver realizando, e praticar o silêncio durante dez minutos. Você pode fazer isso no escritório ou em casa. Tudo o que você tem de fazer é ter determinação.

Apenas sente-se calma e tranqüilamente. Não faça mais nada. Fique sereno, sem pensar em nada especial. Durante esses poucos minutos, feche a porta e tire o fone do gancho. Crie um oásis de paz e quietude para si mesmo, e não pense em nada em particular. Deixe que a sua mente divague à vontade.

Depois de dez minutos, retome as atividades. Você ficará espantado com a diferença, sobretudo se adquirir o hábito de fazer períodos curtos de silêncio diariamente. Você vai descobrir que a sua capacidade de se concentrar no trabalho aumenta e que você é capaz de realizar mais com menos esforço.

Uma tarde ou um dia de silêncio

Um dos melhores presentes que você pode dar para si mesmo é uma tarde ou um dia de silêncio. Principalmente se for junto à natureza. À medida que a sua alma absorve a quietude da natureza e se desvincula dos negócios do dia-a-dia, você pode surpreender-se sentindo-se como um drogado com sintomas de abstinência. No começo isso nem sempre é agradável, mas no final você vai se acalmar. Depois de algum tempo, seu diálogo interior vai diminuir e você vai começar a respirar mais profundamente.

Sem pensar, sem questionar, o silêncio vai começar a se expor, como um tesouro precioso, e a revelar os segredos que ele encerra. Ele vai propiciar lampejos intuitivos e orientá-lo, indicando o caminho para resolver os problemas que o atormentam. E, mais do que qualquer outra coisa, o silêncio vai lhe trazer uma nova vida, uma nova energia e novas idéias criativas em abundância.

Não fique desanimado se o silêncio não revelar seus tesouros secretos na primeira tentativa. Sua alma pode estar tão acostumada à atividade constante e ao barulho de conversas que precisará de algum tempo para se ajustar ao silêncio. Mas se você treinar regularmente, mesmo por breves períodos, no final o silêncio lhe abrirá as portas, porque ele é o nosso elo direto com a Força Divina ou Inteligência Superior que permeia e guia o universo. O silêncio está sempre ao nosso alcance, sempre esperando para nos trazer consolo, poder e orientação.

Criatividade e silêncio: aprenda a esperar pela sua vozinha interior

O silêncio sempre precede as tentativas de criatividade. Se você observar cuidadosamente, vai descobrir que é a hora de quietude, o espaço vazio, em vez do ato de criatividade, que dá origem a toda tentativa de criatividade e realização do ser humano.

É como se todos os pensamentos e todas as coisas emergissem do silêncio para crescer e assumir uma forma na nossa mente, primeiro como idéias e, depois, como todas as criações extraordinárias da humanidade.

Às vezes, a parte mais difícil do processo de criatividade é esse período de silêncio que precede a atividade. Isso acontece porque muitas vezes lutamos desnecessariamente e tentamos forçar resultados em vez de repousar no silêncio e esperar a vozinha que vem de dentro de nós...

Capítulo 14

O poder da natureza

Uma das razões de nos sentirmos tão bem quando estamos junto à natureza é o fato de ficarmos muito mais próximos da Força. Algumas vezes chegamos a sentir que estamos em contato direto com ela. Essa é a sensação mais maravilhosa e eletrizante que existe... Nós nos sentimos fortes, enlevados, conectados. Sentimos a Força pulsando em tudo; sentimos seu fluxo e seu poder movendo-se através de nós. Obviamente, é muito mais fácil sentir esse poder ao ar livre, no campo ou nas montanhas, onde não há ruídos, pessoas, telefones, televisores, egos, correria, violência, carros, objetos fabricados pelo homem, nem emoções para desviar a nossa atenção e entulhar a nossa mente.

Ao ar livre, se reduzirmos o ritmo e ficarmos tranqüilos, nem que seja por alguns minutos — então bum! — ficamos cientes da presença universal. Sabemos que a Força está bem ali, do nosso lado e dentro de nós!

Fique tranqüilo

É claro que é divertido caminhar pelo campo com os amigos, e devemos fazer isso. Mas nem sempre, porque, quando estamos com amigos, nossa tendência é tagarelar e fofocar o tempo todo. Quando isso acontece, quando levamos conosco todas as nossas emoções e tagarelice, é difícil para a Força atrair a nossa atenção, pois ela não canta nem dança. Ela está sempre presente a qualquer hora, logo abaixo da superfície. Portanto, precisamos estar em silêncio, abertos e receptivos para que a Força possa realizar seu magnífico trabalho em nós. (Ver Capítulo 13, O poder do silêncio.)

Lugares especiais

Existem lugares na natureza, lugares nesta Terra, que são mais poderosos do que outros. Se alguma vez você esteve num lugar especial, sabe do que estou falando. Um lugar assim nos inunda com sua claridade e beleza, com sua noção de harmonia e com o sentimento de poder que sentimos quando estamos nele. Alguns lugares no planeta são tão poderosos a ponto de exercerem sua magia para todos. O deserto ao redor de Santa Fé, nos Estados Unidos, e alguns locais na Dinamarca passam essa sensação.

Mas como as pessoas são diferentes, todos nós também podemos ter nossos locais especiais. Vou ao meu sempre que estou necessitando me curar, recarregar as baterias e me renovar. No meu caso, esses locais são verdadeiramente sagrados. Sempre que me aproximo de um deles, eu me sinto melhor. Só a lembrança da harmonia e da cura obtida no passado desencadeia imediatamente uma sensação profunda de paz e de cura em minha alma.

Descubra o seu lugar especial

Se você ainda não tem o seu lugar especial, sugiro que procure um. Um lugar junto à natureza que lhe dê essa sensação de poder e harmonia e permita que você se renove. Se você não sabe por onde começar, siga a sua intuição e deixe que seus pés o guiem.

Esteja aberto e receptivo à vozinha no seu interior. Dessa forma, em seus devaneios silenciosos, você vai descobrir esse lugar porque se sentirá muito melhor — livre de todas as aflições — depois de repousar, relaxar, meditar ou simplesmente não fazer nada.

Caminhe junto à natureza

Além de ficar em silêncio, além de repousar, relaxar e entrar em sintonia com o poder da natureza, também podemos aumentar o nosso poder liberando, caminhando, fazendo exercício, cantando e dançando ao ar livre.

Se alguma coisa o está aborrecendo, você pode tentar, por exemplo, desvencilhar-se da situação e das emoções associadas a ela quando estiver sozinho no campo. Encontre um local tranqüilo e faça afirmações de liberação em voz alta para as árvores e os caminhos sinuosos até sentir uma sensação de paz. (Ver Capítulo 3, O poder da afirmação.)

Por exemplo, diga em voz alta:

Neste momento, eu libero totalmente _________
(pessoa ou situação). Eu a abençôo, ___________

(pessoa, situação) e deixo que se retire da minha vida. Toda a desarmonia entre nós foi dissolvida. Você está completamente livre para encontrar o seu Bem Maior e eu estou completamente livre para encontrar o meu Bem Maior. Tudo está na mais perfeita harmonia entre nós, agora e para sempre.

Descubra e crie uma afirmação que se ajuste ao seu problema ou à sua situação. Repita a afirmação até se sentir em paz. Quando você sentir uma sensação profunda de paz, saberá que fez a sua parte. Então esqueça o assunto e desfrute do seu passeio no campo!

Abrace uma árvore

Abraçar uma árvore também é uma boa forma de se ligar à Terra quando você estiver junto à natureza. Tenho algumas árvores especiais que gosto de abraçar e, quando faço isso, invariavelmente me sinto melhor. Abraço a árvore com os dois braços, enquanto mantenho os pés firmemente plantados no chão. Gosto de sentir a forte energia da árvore. Durante o abraço, acompanho a energia que flui de suas grossas raízes enterradas profundamente na terra subindo em direção aos galhos até alcançar o céu.

É muito bom também ficar em pé com as costas no tronco de uma árvore e sentir sua energia percorrendo toda a nossa coluna para cima e para baixo. Esse é um bom exercício quando as coisas estão paradas ou estagnadas na nossa vida, pois ajuda a manter a nossa energia fluindo.

Veja a aura

Se você quiser treinar para ver a aura ou o campo de energia que envolve todas as coisas vivas, pode começar por uma árvore. É fácil ver a aura de uma árvore.

Escolha uma árvore grande, uma árvore que você sabe, intuitivamente, que está cheia de energia. Fique em pé a uma boa distância dela, para que possa enquadrá-la toda no seu campo de visão. Respire fundo algumas vezes e relaxe. Olhe o topo da árvore, na posição do meio-dia, e observe o céu azul que a rodeia. Em seguida, mova os olhos, de modo que passe a olhar acima da árvore na posição de uma hora. Relaxe e deixe os olhos perderem o foco. Então, sem tentar recobrar o foco, olhe de volta para a posição do meio-dia com o canto dos olhos. Você verá a árvore circundada por uma borda azul-acinzentada. Esse é o campo de energia ou aura da árvore. À medida que você aprimorar essa habilidade, será capaz de ver a aura em volta de toda a árvore. (É melhor não ficar de frente para o Sol.) Continue praticando e você verá que tem um talento natural para ver auras! Todos nós temos. Depois, tente ver a aura das plantas, das flores, dos animais e das pessoas.

Capítulo 15

O poder de comer menos

Só há uma maneira de comer menos: *parando de pensar em comida.*

A maioria das pessoas quer comer menos para perder peso. É claro que é muito bom ser magro e elegante, mas não é por isso que estou tocando neste assunto.

Comer menos tem outras vantagens, além de emagrecer.

O ponto mais importante é o seguinte: *quando você come menos, ganha energia.*

Em primeiro lugar, seus pensamentos ficam mais claros.

Em segundo, você tem mais energia.

E em terceiro, fica muito mais fácil manter o foco. A menos, é claro, que você esteja morto de fome o tempo todo, mas não é a isso que me refiro quando falo em comer menos.

O que eu quero dizer é que você deve comer menos do que acha que precisa. Quase todas as pessoas comem muito mais do que realmente necessitam, e muitas fazem uma verdadeira orgia alimentar.

O excesso de comida não faz só você engordar; você fica lerdo, pesado, sonolento e obtuso (uma vez que todo o sangue é enviado para o estômago e o intestino, e não para o cérebro). Além disso, prejudica a capacidade de expor as idéias claramente, diminui o apetite sexual, reduz o seu pique, acaba com a auto-estima e faz uma série de outras coisas, como deixá-lo suscetível a todos os tipos de problemas de saúde e a doenças (como as causadas pelo estilo de vida moderno). Todas, obviamente, desagradáveis demais para serem citadas num livro que fala sobre poder!

Coma menos, viva mais

E, para piorar ainda mais a situação, o excesso de comida também reduz seus anos de vida! (Portanto, você deve estar se perguntando por que alguém iria querer fazer isso...) Estudos realizados com animais revelaram que a expectativa de vida deles aumenta quando recebem uma cota ligeiramente menor de ração. Mas não estou fazendo a apologia de uma alimentação moderada porque quero vender um "vale-longevidade". Estou levantando essa questão porque o hábito de comer menos também representa um Caminho para o Poder: Quando você come um pouco menos, é mais fácil manter o foco. (Ver Capítulo 8, O poder de focalizar.)

É isso mesmo, se você come menos, será mais fácil se concentrar. Por que você acha que tantos caminhos espirituais incluem a prática do jejum? É porque jejuar é uma maneira eficiente e dramática de clarear o cérebro. Se você não acredita em mim, tente isso por três dias e veja o que acontece. Quando você jejua, você se livra de todo o excesso, não apenas de alimentos, mas de tudo. Jejuar é uma maneira realmente rápida de você voltar a se concentrar nas coisas verdadeiramente essenciais da vida.

Não pense em comida

Passei vários anos da minha vida estudando e ensinando técnicas de alimentação e disciplinas relacionadas com a saúde e a felicidade. Aumentar a conscientização da relação entre alimentação e saúde é sempre um bom ponto de partida para melhorar a qualidade de vida. Mas, a menos que você tenha uma doença grave, sugiro que domine essa etapa o mais rápido que puder. Depois que você compreende a idéia básica sobre a importância da alimentação, você aprende a: 1) reduzir ao mínimo a quantidade de alimentos e gorduras de origem animal, 2) consumir menos açúcar, 3) ingerir menos alimentos processados e com substâncias químicas, 4) beber menos álcool e café, 5) parar de fumar e 6) comer mais grãos, vegetais, frutas e pão integral... essas noções básicas. Bem, feito isso, passe para o item seguinte da sua agenda.

E, então, deixe de pensar em comida. Esqueça-se disso.

Acho que o modo melhor de comer menos é não pensar nem se concentrar em comida.

Veja as pessoas que fazem regime. Elas pensam tanto em comida e em perder peso que acabam não conseguindo emagrecer. Isso acontece porque todo o tempo estão pensando de forma negativa sobre comida. Hum, e se eu comesse isto? Que horror, veja como meu corpo está feio!

Hum, estou morrendo de fome! Coisas desse tipo. Assim, aquilo em que elas se concentram cresce. Se você deseja perder peso, tire esses pensamentos da cabeça. Apaixone-se, caminhe de norte a sul, decida ganhar um milhão neste ano e eu garanto que você vai perder peso.

Ágil e leve

O mais importante é ficar leve. Já falamos disso no capítulo sobre liberação. (Ver Capítulo 4, O poder da liberação.) Mencionamos também que a causa de todos os problemas é basicamente obstrução, e que toda cura é basicamente circulação. Bem, comer demais — comer mais do que se necessita — causa congestionamento na mente, no corpo e na vida.

Por esse motivo, quando começar a fazer seus exercícios de liberação, sugiro que acrescente o item comida à sua lista. Elimine o excesso de comida e seu corpo reviverá.

O segredo é se concentrar nas coisas importantes e esquecer o resto. Quando perceber, você estará comendo menos. Toda vez que pensar no corpo, ame-o e abençoe-o. Elogie o seu corpo o tempo todo. Diga a ele o quanto você lhe é agradecido pelo fato de levá-lo para todos os lugares, de digerir o seu alimento e de permitir que você veja, ouça, cheire e toque o mundo. O corpo responde a elogios e bênçãos, e não a excessos de comida.

E mantenha-se ocupado.

E desfrute do prazer de fazer exercício, da forma que melhor lhe convier. Simplesmente exercite-se.

Prometo que se você se mantiver ocupado e concentrado nos seus sonhos e planos, que se você elogiar e abençoar constantemente o seu corpo e tentar visualizar o caminho até o topo de qualquer montanha que esteja escalando no momento, você se esquecerá de comer. O que é muito bom. Isso vai lhe dar mais agilidade e leveza, vai clarear a sua mente, melhorar a sua visão, aguçar o seu olfato. Você vai gostar muito mais de morar no seu corpo, de fazer exercícios e, acima de tudo, *vai descobrir que tem muito mais energia.*

Está bem, você pode tomar algumas vitaminas, beber água fresca e pura e comer algumas cenouras saborosas pelo caminho, mas, se estiver viajando com agilidade e leveza, provavelmente não terá tempo para mais do que isso.

Capítulo 16

O poder do exercício

Além de ser muito divertido, mexer-se e exercitar o corpo regularmente é uma das maneiras mais rápidas e eficazes de aumentar a própria energia e de ficar mais forte.

A maioria das pessoas sabe que fazer exercícios é saudável. Os benefícios são óbvios: mais saúde, mais energia e vitalidade e um corpo mais firme, mais esbelto e mais bonito. Mas aquilo de que muita gente se esquece, ou não sabe, é que o exercício e o movimento também influenciam nosso estado mental, emocional e espiritual. Acho que um dos maiores benefícios proporcionados pelo exercício é que, quando nos movimentamos de forma vigorosa, a nossa mente se desliga.

Desligue o cérebro por algum tempo

Ser muito cerebral, refletir demais, ter uma visão bastante intelectual da vida pode ser um grande problema para as pessoas. Não que refletir ou ser intelectual seja algo ruim em si. Os problemas surgem, contudo, quando permitimos que o intelecto domine a nossa vida em detrimento da nossa natureza emocional e espiritual.

Em outras palavras, ser cerebral demais significa refletir tanto sobre as coisas, a vida, as pessoas e as situações a ponto de não mais confiar na própria intuição. Se você acha que não está ouvindo a sua voz interior, se não confia nas suas percepções mais íntimas, se não leva em consideração os seus palpites e sentimentos, porque não pode explicá-los ou justificá-los de "maneira lógica" para si mesmo ou para os outros, é bom tomar cuidado. Refletir demais sobre as coisas e analisá-las excessivamente pode representar um grande perigo, porque o priva de grande parte das informações intuitivas que estão sempre disponíveis sobre você, sobre outras pessoas e sobre a vida e a natureza do universo em geral.

> A maior batalha no íntimo de cada
> pessoa é travada entre o intelecto e
> o coração — enquanto o coração diz
> "Isto é assim", o intelecto diz,
> "Não compreendo; portanto, não
> acredito."[1]
>
> EMMANUEL

A dádiva do movimento

É por isso que o exercício físico é uma dádiva tão grande. Trata-se de uma ótima maneira de fazer com que a mente reduza o domínio rigoroso que ela mantém sobre a sua vida. Quando você realiza uma atividade física e se encharca de suor e/ou se deleita com ar puro, respiração profunda e o esplendor da natureza, tende a parar de se preocupar e de analisar... pelo menos por algum tempo. Portanto, não admira que a maioria das pessoas se sinta melhor logo que põe o corpo em movimento.

E o melhor de tudo é que não importa se você mergulha no mar infinito para nadar ou dança feito um louco na privacidade do seu lar.

Outro aspecto muito bom é o seguinte: exercitar o corpo representa uma afirmação física de energia, alegria e abundância. Já analisamos formas verbais e escritas de afirmação. (Ver o Capítulo 3, O poder da afirmação.) O exercício físico é outro tipo de afirmação. Uma afirmação em movimento, pode-se dizer! Porque, quando você se exercita, quando movimenta o corpo vigorosamente, também está amando, louvando, dando graças e curtindo o seu corpo como um presente que você recebeu da vida.

E obviamente você pode reforçar a movimentação física fazendo afirmações em voz alta enquanto se exercita; esse é um modo líquido e certo de multiplicar os resultados por dez.

Você pode declarar, por exemplo:

> Meu corpo é forte, saudável e vigoroso!
>
> A saúde perfeita é a minha única realidade no momento!
>
> A cada dia, de todos os modos, o meu corpo está cada vez melhor!

Uma malhação poderosa

Aqui está um exercício divertido e capaz de aumentar o seu nível de energia, que pode ser feito sozinho ou em combinação com outro de sua preferência.

Primeira etapa: mexa-se!

Fique em pé, relaxado e com os pés firmemente plantados no chão. Respire fundo algumas vezes e relaxe. Comece a chacoalhar e a movimentar delicadamente todo o corpo. Enquanto isso, libere toda a tensão e todo o cansaço que porventura esteja sentindo. Imagine que está despertando cada parte do seu corpo. Comece com a cabeça, depois solte o pescoço devagar e desça para os ombros, os braços, as mãos, os dedos e as costas. Realize os movimentos mais delicados e agradáveis que puder. O objetivo é relaxar e se soltar. Continue lentamente até chegar aos dedos dos pés. Se você relaxar e esperar um pouco, verá que todo o seu corpo começa a se soltar, a ficar mais relaxado e a adquirir nova vida.

Se se sentir assim, chacoalhe delicadamente todas as partes do corpo mais uma vez.

É muito divertido fazer esse exercício também deitado de costas no chão.

Segunda etapa: faça aquecimento

Aqueça as mãos, esfregando uma na outra vigorosamente. Em seguida, use as mãos aquecidas para soltar o corpo da cabeça aos pés. Comece no topo da cabeça e desça lentamente para o rosto, o pescoço, os ombros, a barriga, as pernas, etc., até chegar aos dedos dos pés. Pare e aqueça as mãos novamente sempre que sentir que elas estão muito frias. Quando encontrar um lugar do corpo ou um músculo que esteja tenso ou dolorido, passe mais tempo massageando essa área para ajudá-la a se soltar e a relaxar. Você pode até mesmo falar com o corpo enquanto faz a massagem, dizendo para ele relaxar e se soltar. (Ver Capítulo 17, O poder do elogio e da bênção.)

Terceira etapa: cante e dance!

Agora coloque a sua música preferida e dance! Simplesmente, solte-se e divirta-se um pouco. Dance e movimente o corpo de todas as formas que tiver vontade; não há uma maneira especial. Ninguém vai estar observando; portanto, simplesmente relaxe e se solte. Pode ser que prefira passos lentos, ou quem sabe rápidos e desordenados. Faça o que tiver vontade de fazer. Depois que tiver soltado todo o corpo, siga a sua intuição; ela lhe dirá como se livrar de todos os pontos tensos do seu organismo. Não se esqueça de que o objetivo é estimular a circulação.

Algumas pessoas se esquecem de que a música e o canto também são formas poderosas de afirmação; portanto, escolha a música com cuidado. Muitas vezes eu fico surpresa e desapontada quando descubro que a letra de uma música de que gosto é bastante negativa. É realmente desapontador, porque significa que, se eu continuar a ouvir e a cantar essa música, estarei repetindo essas afirmações negativas, e eu não quero isso.

Como a melodia e as palavras atuam num nível de vibração e penetram rapidamente no subconsciente, se quisermos nos sentir melhor é bom escolhermos canções que sejam positivas e que afirmem a vida! Portanto, cuidado ao se apaixonar por uma nova canção!

Quarta etapa: hora de suar

Depois que tiver dançado e aquecido todo o corpo (e a mente), pode ser que queira fazer um exercício vigoroso que realmente faça suar. Se não tiver nenhum preferido, tente correr durante quinze a vinte minutos no parque mais próximo ou apenas continue a dançar.

Quinta etapa: resfriamento

Finalize com um exercício de alongamento. Comece deitando-se de costas, deixando que a respiração e a pulsação fiquem mais lentas. Se quiser, pode colocar uma música suave. Alongue cada parte do corpo, sobretudo os músculos que acabaram de ser exercitados. Se não conhecer nenhum exercício de alongamento básico, sugiro que folheie um bom livro com bastante ilustrações ou assista a um vídeo de exercícios. Você pode tomar aulas de ioga ou de dança clássica para aprender alguns bons exercícios de alongamento.

Sexta etapa: agradeça ao seu corpo

Termine a sessão olhando-se atentamente no espelho. Em seguida, agradeça ao seu corpo por ser tão bonito, por servi-lo tão bem, por ser um instrumento tão maravilhoso, por levá-lo a todos os lugares, por digerir seus alimentos, por levá-lo ao cinema de vez em quando, por levá-lo para passear no campo, por fazer amor com quem você ama e por tudo o mais que possa pensar. Garanto que o seu corpo irá se deleitar de prazer... e você também.

Divirta-se!

Capítulo 17

O poder do elogio e da bênção

Não podemos trazer o Bem à força para a nossa vida.

Na verdade, não podemos impor nada ao plano exterior, mesmo que às vezes isso pareça possível. Quando acreditar que pode fazer isso, observe o que acontece e descobrirá que é apenas temporário.

Não podemos trazer o Bem à força para a nossa vida, mas podemos abrir espaço para ele, em primeiro lugar, livrando-nos das emoções e dos pensamentos negativos (ver Capítulo 4, O poder da liberação) e, em segundo, pensando e refletindo sobre o Bem. Isso é importante, porque atraímos tudo aquilo em que paramos para refletir.

Reflita sobre o Bem nos outros

Sempre que nos relacionamos com outras pessoas fazemos opções, consciente ou inconscientemente, sobre em que devemos nos concentrar. Podemos fazer uma escolha consciente de nos concentrar em pessoas ou situações positivas, não importa quais. Em outras palavras, podemos optar por nos concentrar no potencial excitante do momento e das pessoas envolvidas ou refletir sobre tudo o que consideramos "errado" com essas pessoas ou com uma determinada situação.

Num nível subconsciente ou vibratório, conseguimos captar e perceber os pensamentos e sentimentos das outras pessoas em relação a nós. Nós captamos suas vibrações assim como elas captam as nossas e, então, agimos e respondemos de acordo com essas vibrações, geralmente sem saber por quê.

As crianças adoram elogios

Todos sabem que as crianças crescem e se desenvolvem de forma fantástica quando são elogiadas. Não importa quais sejam os supostos "pontos fracos ou deficiências" que atribuímos a uma criança, mas, se voltarmos a nossa atenção para seus pontos fortes e seus talentos, ela florescerá. O Bem vai crescer e, no final, ofuscar qualquer pretenso ponto fraco. Por que deveria ser diferente conosco só porque somos adultos?

Focalize o melhor e o mais elevado

As coisas mais impressionantes acontecem quando você focaliza o que as pessoas têm de bom. Sempre que encontrar outras pessoas, mesmo completamente estranhas, e pensar, sentir e agir de acordo com o que elas têm de melhor e mais elevado, invariavelmente você obterá resultados positivos.

Melhor ainda: você pode focalizar o Bem para os outros abençoando-os. Diga mentalmente: *Eu o abençôo, eu o abençôo, eu o abençôo*, e veja o que acontece. Você se surpreenderá. É como se os seus pensamentos positivos, o seu foco no que as pessoas têm de melhor e mais elevado e suas bênçãos para elas atuassem no nível vibratório invisível. Sem saber, a outra pessoa sente as suas bênçãos, sente que você não emana antagonismo nem hostilidade, e a situação flui de forma mais fácil e mais suave. O foco no Bem pode mudar tudo.

Isso realmente funciona, porque os pensamentos e os sentimentos negativos criam, no plano interior, uma resistência que se manifesta no plano exterior como dificuldades, demoras e problemas inesperados. Mas concentrando-se no Bem Maior e usando o poder do elogio e da bênção, você poderá dissolver toda a resistência.

Abençoe o seu companheiro

Não se esqueça então de abençoar e elogiar o seu companheiro, porque esse pode representar o maior de todos os desafios. Freqüentemente guardamos rancor, damos importância a detalhes irrelevantes, relembramos velhas feridas e nos concentramos nos pontos fracos da pessoa que amamos, quando daríamos boas gargalhadas e esqueceríamos imediatamente, deixaríamos passar ou perdoaríamos a mesma coisa em outras pessoas.

Para curar velhas mágoas e acabar com qualquer resistência, afirme ao seu amor: "____________, eu o abençôo com os olhos do amor."

Elogie e ame o seu corpo

Uma excelente maneira de atrair e manifestar mais saúde e vitalidade consiste em refletir sobre como o nosso corpo é maravilhoso.

Sente-se confortavelmente na sua cadeira favorita ou deite-se de costas. Relaxe durante alguns minutos. Depois, comece do topo da cabeça e desça lenta e suavemente até os dedos dos pés. Diga coisas como: "Adoro o meu cabelo, o meu lindo cabelo forte, maleável e espesso. A linda cor do meu cabelo faz com que ele seja a minha maior glória." Em seguida, diga: "Agradeço estes olhos, estes lindos olhos verdes que enxergam tão longe e que me permitem ver todas as maravilhas da vida..."

Continue descendo e abençoe o nariz, as orelhas, a boca, os dentes, o pescoço, os ombros e as costas. Elogie e abençoe todas essas partes com suas próprias palavras. Se não dispuser de muito tempo, pode elogiar diferentes áreas do seu corpo. Diga, por exemplo: "Adoro o meu coração, o meu forte e querido coração, e lhe agradeço por bater com serenidade, força e regularmente todos os dias da minha vida. Abençôo também o meu estômago por digerir os alimentos com tanta paz e facilidade...", e assim por diante.

Como todo o universo está repleto de inteligência divina, as células do nosso corpo também estão. Como Deepak Chopra explica no seu livro *Ageless Body, Timeless Mind*: "A bioquímica do organismo é um produto da consciência. Crenças, pensamentos e emoções geram as reações químicas que mantêm viva cada célula... Impulsos de inteligência transformam o seu corpo a cada segundo. Você representa a soma total desses impulsos, e mudando esses padrões você também vai mudar."[1]

Fale com o seu corpo

Cada uma das células do seu corpo está respondendo aos seus pensamentos neste exato momento, quer sejam negativos ou positivos. Portanto, pode ser uma boa idéia refletir sobre o modo como você está pensando no seu corpo agora.

Você amaldiçoa ou abençoa o seu corpo? Se os seus pensamentos não são tão positivos quanto poderiam ser, nunca é tarde para mudar. Mude o seu modo de pensar sobre o seu corpo e veja-o responder aos seus novos pensamentos e palavras. A partir desse momento, decida que sempre que pensar no seu corpo, ou em qualquer parte dele, você vai pensar com carinho e ter pensamentos positivos. Decida que, de agora em diante, você sempre vai dizer que o seu corpo é forte e saudável. E elogie-o por tudo o que ele pode fazer. O foco no Bem vai fazer o seu corpo se fortalecer.

Da mesma forma, se alguma parte do seu corpo não estiver funcionando bem, se estiver doente ou causando dor, fale com ela como você falaria com uma criança que você ama e acalenta. (Você não ama e preza essa parte do seu corpo?) Diga: "Querido estômago, por que você está enjoado hoje? Qual é o problema? Será que comi alguma coisa que não lhe agradou? Ou será que alguma coisa o está corroendo? Estou muito tenso para o seu gosto? Estou levando uma vida muito agitada? Estou tomando muito café?" Em seguida, ouça as respostas... ouça a sua intuição e preste atenção no que ela diz.

E não se esqueça de terminar a conversa dizendo: "Querido estômago, eu realmente o amo, abençôo e agradeço pelo maravilhoso trabalho que você realiza dia após dia... digerindo os alimentos, as emoções e as idéias... Você é impressionante, querido estômago. Portanto, agora pode relaxar. Relaxe e libere toda a dor e toda a tensão. Eu vejo cada uma das suas células, querido estômago, agora repletas de força radiante de vida e resplandecendo de luz. E sei que agora você está se sentindo muito, muito melhor. Sim, aqui e agora." E assim será.

Escreva ao Eu Superior

Escrever ao Eu Superior é outra técnica maravilhosa de "elogiar e abençoar". Se você estiver com problemas com alguém no plano exterior e sentir dificuldade de falar com essa pessoa, ou de convencê-la de que ela está errada, tente escrever ao seu Eu Superior. Essa é uma boa maneira de conciliar as coisas.

Como o Eu Superior é o nosso verdadeiro eu espiritual, quando você foca o Eu Superior da pessoa, está focando tudo o que ela tem de verdadeiro, bom e real. Além do mais, está ativando a energia positiva dessa alma com a sua atenção.

Acho que escrever para o Eu Superior de alguém é uma atitude bastante cômoda quando existe desarmonia entre vocês dois no plano exterior. De alguma forma, ao escrever para o Eu Superior de alguém que o aborrece, você está enviando o seu amor e as suas bênçãos para a alma dessa pessoa, contornando o seu ego. Isso é bom, porque o ego geralmente é a causa de discórdias, conflitos e mal-entendidos.

Quando escrever do fundo do coração para o Eu Superior de outra pessoa, seja amoroso e específico. Peça ao Eu Superior que ajude a manifestar o Bem Maior para todos os que o estão aborrecendo. Escreva todos os dias, até que a situação seja resolvida. Você vai se surpreender com o que acontece. Mas lembre-se de que você não pode pedir ao Eu Superior nada menos do que o Bem Maior para todos os envolvidos.

Você pode escrever também ao Eu Superior dos seus amigos ou entes queridos quando estiver preocupado com eles. Por exemplo, se alguém que lhe é caro estiver doente ou você sentir que precisa de força e apoio para vencer um grande desafio, peça ao Eu Superior para guiar e proteger essa pessoa. Ou decrete: "Eu peço ao Eu Superior de __________ para protegê-lo __________ na sua caminhada (nesta situação)."

Você pode escrever também para o seu Eu Superior ou dos seus filhos. E pode pedir ao seu próprio Eu Superior para protegê-lo nos momentos de tristeza, assim como pediria proteção a Deus, a Jesus Cristo, a Buda, aos seres angelicais ou a outros seres espirituais.

Assim como no caso das afirmações, você vai obter poder, força e uma sensação de paz ao repetir seus decretos em voz alta várias vezes por dia até sentir que o problema foi resolvido.

Capítulo 18

O poder dos amigos

Como verdadeiros amigos, podemos fazer maravilhas uns para os outros.

Quando estamos em meio a uma crise ou diante de um grande problema, temos dificuldade de ver o Bem Maior e de suportar essa visão, não importa o que esteja acontecendo no plano exterior. Isso acontece porque estamos muito próximos da situação. Ficamos emocionalmente muito envolvidos com os acontecimentos e não entramos em contato (não mantemos o foco) com uma perspectiva universal mais elevada e mais amorosa. Lamentavelmente, quando nosso ego se envolve em crises ou conflitos dessa natureza, podemos ser sugados pelos nossos próprios temores, ansiedades, ressentimentos, dúvidas e preocupações, sobretudo quando somos novatos no Caminho do Poder.

Mas um bom amigo pode ajudar.

Um bom amigo é inestimável nesses momentos.

Um bom amigo pode fazer toda a diferença.

Um bom amigo pode mudar a maré.

Um bom amigo é uma dádiva divina.

Todos deveriam ter um bom amigo a quem pedir conselhos (fazer afirmações positivas) nos momentos de crise ou de necessidade.

Como Florence Scovel Shinn explica no seu livro *The Game of Life and How to Play it*: "Nesses momentos, o homem jamais poderia se aconselhar sozinho. Ele precisava de alguém para ajudá-lo a manter a visão. É isso que um homem pode fazer por outro... O amigo ou agente de cura vê claramente o sucesso, a saúde ou a prosperidade, e nunca hesita, porque ele não está muito próximo da situação. É muito mais fácil "revelar a verdade" para outra pessoa do que para si mesmo e, portanto, uma pessoa não deve hesitar em pedir ajuda, se sentir que está vacilando."[1]

Peça ao seu amigo

Aconselho-o enfaticamente a pedir palavras de estímulo a um amigo quando precisar. Por exemplo, quando estiver diante de uma situação inusitada ou difícil, peça a um amigo que lhe faça afirmações de sucesso. (Ver Capítulo 17, O poder do elogio e da bênção.) Seu amigo pode fazer afirmações como:

> ____________ (nome), a entrevista de emprego é um grande sucesso. Você está relaxado e se apresenta na sua melhor forma.

> ____________ (nome), a operação é um completo sucesso. Você se recupera rapidamente e tem mais saúde do que nunca.

__________ (nome), sei que você vai dar à luz uma criança saudável, tranqüila e fácil de lidar.

__________ (nome), você é perfeitamente capaz de realizar essa tarefa. Você tem talento para esse trabalho. Eu o vejo obtendo um sucesso após outro neste projeto.

E obviamente podemos fazer o mesmo para nossos amigos. Na verdade, eu acho que não devemos hesitar em dizer palavras amigas para os nossos amigos, mesmo que eles sejam tímidos demais para pedir a nossa ajuda, e até mesmo nos casos em que não compartilham da nossa visão de vida nem percebem exatamente o que estamos fazendo.

Ouça a sua intuição e você saberá quando os seus amigos estão precisando. Então, ouse mudar a maré para eles pronunciando palavras de encorajamento e de sucesso!

Grupos de mentores intelectuais

Você também pode unir suas forças às de alguns amigos para alcançar objetivos definidos. Napoleon Hill diz que, quando as pessoas compartilham da mesma opinião, geram um poder que ele chama de poder da "Mente Superior". Ele define o conceito de "Mente Superior" como: "Coordenação de conhecimento e empenho, em espírito de harmonia, entre duas ou mais pessoas, para a obtenção de um determinado objetivo."[2]

Hill afirma que, se for devidamente escolhido, um grupo de pessoas que tem a mesma opinião poderá transformar-se num "grupo de mentores intelectuais" e alcançar o Bem Maior quando todos concentrarem sua energia no mesmo objetivo. "Quando um grupo de cérebros é coordenado e funciona em harmonia, o aumento de energia criado por essa aliança fica à disposição de cada um dos cérebros do grupo."[3] Com certeza, todos nós fazemos isso, muitas vezes inconscientemente, e muitos empreendimentos de sucesso são resultado de pessoas que têm a mesma opinião e que trabalham juntas em harmonia para alcançar objetivos comuns. Mas quando você está no Caminho do Poder, pode conscientemente usar essa técnica para criar ou se juntar a um grupo de mentores intelectuais com a finalidade de atingir seus objetivos.

Unam-se e afirmem

Podemos nos unir também para orar, para abençoar ou fazer afirmações para outras pessoas. Por exemplo, uma família pode se reunir para afirmar ou visualizar um resultado positivo para um parente, amigo ou familiar doente. Do mesmo modo, se uma pessoa da família estiver enfrentando um desafio, toda a família poderá se reunir e afirmar-lhe o sucesso. As afirmações familiares não precisam tomar muito tempo. Elas podem ser feitas na mesa de jantar ou em outra hora apropriada quando todos estiverem reunidos.

Outra alternativa é juntar-se a um grupo de orações. Geralmente esses grupos funcionam da seguinte forma: todos os participantes levam sua lista de orações para a reunião. Pode ser uma relação de pessoas que desejamos abençoar ou para quem se quer orar, ou uma relação de resultados positivos que se queira manifestar. Essas listas de orações são pessoais e sigilosas. Cada participante do grupo fica com a sua própria lista, mas todos oram ou afirmam juntos para todas as pessoas ou resultados positivos relacionados.

Assim como o conceito de "Mente superior", quando as pessoas se reúnem para fazer afirmações positivas, o poder para manifestar o Bem aumenta enormemente. Portanto, não vamos hesitar em trabalhar juntos para o Bem Maior de todos.

Capítulo 19

O poder do fast food para a alma

Vamos admitir. Você está lendo este livro porque quer mudar, porque deseja uma vida melhor — e tem de ser agora. O título do livro chamou a sua atenção porque você deseja reivindicar o seu poder sobre a sua vida o mais depressa possível.

Você teve esse sentimento de insatisfação "divina" por muito tempo e agora deseja instrumentos práticos que possam ajudá-lo a mudar as coisas. Mais especificamente, você quer saber como criar a vida que no fundo do coração acha que deveria ter.

E isso é simplesmente ótimo. Porque é exatamente esse sentimento de insatisfação "divina" que o levou a buscar algo maior, algo melhor. E aqui está você sentado com este livro nas mãos — com suas técnicas e revelações sobre os mecanismos da mente, em suma, exatamente com os instrumentos de que você necessita. Portanto, parabéns!

Se alguém tivesse me dito alguns anos atrás que as técnicas simples descritas neste livro poderiam mudar radicalmente a minha vida — e melhorar muito a sua qualidade — eu teria rido e dito, certamente! Mas acontece que é exatamente isso que elas fizeram, e por isso eu sei que podem fazer o mesmo por você.

Os mecanismos da mente

O verdadeiro segredo para mudar consiste em compreender os mecanismos da mente. E agora você tem esse segredo nas mãos. Agora você sabe que seus pensamentos, palavras e mentalizações criam a sua realidade; sabe que o que você afirmar e visualizar vai se transformar em realidade. Sabe também que só você pode pensar com a sua mente — e por isso é a única pessoa que pode decidir no que vai pensar e em que vai concentrar a atenção. E esse é o segredo da liberdade!

Com essa chave mágica nas mãos — e as técnicas práticas descritas neste livro — você tem tudo o que é necessário para transformar totalmente a sua vida. E acredite, é muito fácil!

Por que não seria fácil?

Uma das principais mensagens deste livro é que é fácil ter saúde, felicidade e prosperidade, apesar de termos sido programados para acreditar no contrário. E infelicidade e pobreza são o resultado da nossa própria ignorância; são o resultado dos nossos próprios padrões mentais negativos, a manifestação dos nossos próprios pensamentos, palavras e foco na limitação. E como a maioria das pessoas não compreende os mecanismos da mente — como seus pensamentos e palavras estão criando a sua realidade — são vítimas de seus próprios pensamentos negativos.

Mas quando compreendemos o mecanismo, compreendemos também que a Vida boa, a Vida saudável, a Vida produtiva e útil — a Vida de vitalidade, amor e aventuras estimulantes ilimitados — é um direito nosso inato. Percebemos que apenas nos esquecemos de como fazer com que ela se manifeste. Mas agora sabemos como fazer isso.

Faça o trabalho interior

Há, entretanto, uma condição. Com esse conhecimento em mãos, precisamos estar dispostos a fazer o trabalho interior. Precisamos estar dispostos a analisar com atenção nossas atitudes e programações mentais, e ser impiedosamente honestos com nós mesmos. Em que estamos pensando? Quais são as nossas atitudes básicas em relação à Vida? O que dizemos regularmente para nós mesmos e para os outros? Nossas palavras e nossos pensamentos são bons o bastante? Vão criar o tipo de vida, de mundo, de realidade que verdadeiramente desejamos... para nós mesmos e para nossa família, nossos amigos e para os seres humanos em geral?

O Caminho do Poder

Portanto, você é quem decide.

Está em suas mãos. Você pode reivindicar o seu poder agora. Pode assumir o controle dos seus pensamentos e das suas palavras, bem como o foco da sua atenção, conscientemente, para criar a Vida que sempre desejou.

Os instrumentos estão aqui. O caminho à sua frente está aberto.

Portanto, seja ousado. Seja corajoso. Assuma o controle do seu destino neste momento. Pense por si mesmo — e vá em frente.

Ninguém mais pode fazer isso por você.

Ninguém mais pode tirar isso de você.

Esse é o Caminho do Poder.

Notas

Capítulo 3

1. João 1:1, Bíblia Sagrada, Versão do Rei James (Nova York: Meridian, 1974).
2. Emile Coué, citado por Brian Inglis e Ruth West, *The Alternative Health Guide* (Londres: Mermaid Books,1983).

Capítulo 5

1. Catherine Ponder, *The Dynamic Laws of Healing* (Marina Del Rey, CA: DeVorrs & Company, 1985).
2. Deepak Chopra, *Creating Health* (Boston: Houghton Mifflin Company, 1991).
3. Norman Cousins, *Anatomy of an Illness as Perceived by the Patient* (Nova York: Bantam Doubleday Dell, 1991).
4. Ibid.
5. Deepak Chopra, *Ageless Body, Timeless Mind* (Nova York: Harmony Books, 1993).
6. Ibid.
7. Anthony Robbins, *Awaken the Giant Within* (Nova York: Fireside, 1992).

Capítulo 6

1. Napoleon Hill, *Think and Grow Rich* (Nova York: Fawcett Crest, 1960).

2. Deepak Chopra, *Ageless Body, Timeless Mind* (Nova York: Harmony Books, 1993).

3. Catherine Ponder, *The Dynamic Laws of Healing* (Marina Del Rey, CA: DeVorrs & Company, 1985).

Capítulo 7

1. José Silva, *You the Healer* (Tiburon, CA: HJ Kramer Inc., 1989).

Capítulo 8

1. *Webster's Encyclopedic Unabridged Dictionary* (Nova York: Portland House, 1989).

2. Deepak Chopra, *Ageless Body, Timeless Mind* (Nova York: Harmony Books, 1993).

3. Stuart Wilde, *Affirmations* (Taos, NM: White Dove International, 1989).

4. Emmet Fox, *Power Through Constructive Thinking* (San Francisco: HarperSanFrancisco, 1979).

5. Napoleon Hill, *Think and Grow Rich* (Nova York: Fawcett Crest, 1960).

6. Ibid.

7. Ibid.

Capítulo 10

1. Emmet Fox, *Alter Your Life* (San Francisco: HarperSanFrancisco, 1994).

Capítulo 12

1. Emmet Fox, *Power Through Constructive Thinking* (San Francisco: HarperSanFrancisco, 1979).

2. Pat Rodegast e Judith Stanton, *Emmanuel's Book* (Nova York: Bantam Books, 1987).

Capítulo 16

1. Ibid.

Capítulo 17

1. Deepak Chopra, *Ageless Body, Timeless Mind* (Nova York: Harmony Books, 1993).

Capítulo 18

1. Florence Scovel Shinn, *The Game of Life and How to Play It* (Nova York: Simon & Schuster, 1989).
2. Napoleon Hill, *Think and Grow Rich* (Nova York: Fawcett Crest, 1960).
3. Ibid.